兼田武剛 著
円茂竹縄 作画

マンガでやさしくわかる 起業のための事業計画書

ダウンロードサービス付

Business plans for Startup

日本能率協会マネジメントセンター

ダウンロードサービスについて

本書の特典として、起業のための事業計画の立案、また、事業計画書の作成と実践に役立つフォーマット集を下記のサイトよりダウンロードいただけます。ぜひご活用ください。

■ダウンロードサイト URL ■
http://www.jmam.co.jp/pub/5944.html

●事業計画書フォーマット集 .xlsx （Microsoft Office Excel）

はじめに

起業するときに必要になるのが事業計画書。しかし、一般企業が作成する事業計画書と起業家が作成しなければならない事業計画書には意味合いに大きな違いがあります。

既に経営が軌道に乗っている一般企業は顧客もそれなりについていますし、ブランドも付き始めていて、そのような企業の事業計画書は年々見直しが行われ、より確度・信頼度の高いものになっています。

一方、起業家が創業時に作るべき事業計画書・起業計画書は、ほとんどの場合、まだ顧客も定まっておらず、ブランドもありません。そんな時に、単に机上で鉛筆をなめなめ単なる数字を並べてみても、いくらシミュレーションを重ねてみてもほとんど意味をなしません。そんな作り話で融資を得ようと役所や金融機関を巡ってみても、当然ながらどこも全く相手にしてくれません。融資金の回収目途が見えないからです。

マーケティングの王道・基本を守り、しっかり市場調査を行い、市場が求める商品・案件をつくるべく、粘り強く何度も何度も努力を重ね、起業前にしっかり顧客を掴んで、実際に顧客の顔が見える売上目標値を事業計画に反映する、そんな地に足のついた計画書の作成、これこそが起業成功への第一歩なのです。

これからお伝えする内容から起業成功への要諦をつかんでいただければ幸いです。

目次

プロローグ
なぜ事業計画を立てるのか

STEP 1

事業計画の根幹を固める

STEP 2

事業計画＝マーケティング計画

STEP 3 事業計画書の作成

STEP 4 事業計画完成→実行

「やってみなはれ」
挑戦の心を忘れずにね

プロローグ

なぜ事業計画を立てるのか

STORY 0 ITで起業?? 1位以外は駆逐される厳しい現実

フッ
フッ
フッ
フッ
STORY 0
ITで起業?? 1位以外は
駆逐される厳しい現実
カランカラン
いらっしゃいませー
ずんずん
ずんずん
私の事業計画書は悪くないですっ!
ガタッ
怒らないでよ こないだは口が滑ったよ
だいたい私は会社勤めなんですよ
休日割いてタダでお手伝いしてるのに
あんな言い方ないでしょう

融資申込みが
全然通らなくて
落ち込んでるん
だよ…
これで
全滅だ…
はーー…
どこが悪い
んだろう
項目は全部
埋まってるし
見栄えだって
わるくないのに
受託は
そこそこ順調
とはいえ
やっぱり
自分のアプリに
集中したい…
…面談は
どうだった
んですか？
そ…そりゃあ
うまくやったさ
ちょっと
緊張した
けど…
しどろもどろ
ああ～
はいはい
口下手っ
ぷりが
目に浮かび
ます
…やっぱり
事業計画書に
欠陥が…
ガタ
だから!!

バサバサ
す…すみません！
興奮しちゃって
いやいや
君は…
じっ
あ…はい？
…あぁ　いや
興味深い話をしていたようだから
大きな声でお騒がせしました…
ところであの…そのスーパーウォッチこないだ出たものですよね？
見せてもらっていいですか？

ちょっとぉ！いきなり何言ってるんですか先輩
だってたしか日本未発売だよこれ
こないだ記事でみた
はははは！いいよ見てごらん
かっこいいなぁ！
そうか活動量計かぁ！データ拾って何か作れないかな
僕も買おうかな
おじさんアクティブですね！
おじさんて！
ははは この歳だから健康に気をつけないと
このあたりは私のウォーキングコースでね
ほとんど毎日歩いているよ
そうなんですか！僕も気分転換に散歩はよくします
気分転換……

…どうして融資が受けられないんだろう……
ずーん
……
…事業計画書の話をしていたよね？
よければ見せてもらっていいかな
あ　はい　どうぞ
どうせ没になったものですし
私のせいじゃないです
バサ
うん…これは……
〝志〟が見えてこないな
志？

あ…あるつもりです！
技術を活かして小回りのきくアプリ開発をしたいと…
そのためにまずはアプリを50本……
それはどういう人に向けて？
そもそも必要とされているの？
収支面の見通しも甘いな
希望的観測が過ぎる
そこは私が……
実際リリースしてみなきゃわからないじゃないですか
お金を借りるんだから悪いこと書かなければいいんじゃないんですか？
それはどうかな融資する側は山ほど事業計画書を見ているからね
うっ……
事業計画書を作る目的はなにも融資を受けるためだけじゃない

①事業として成り立つのか検証する
②第三者に説明する
③出資・融資を受ける
④取引先との信用醸成
⑤失敗を次に活かす
そして何より…
⑥成功するため！
「事前の一策は事後の百策に勝る」
ここを詰めるか否かでのちのち雲泥の差が生じることになるよ
しっかり事業計画を練ることで目標が共有化されてより多くの人の知恵を借りられたり
長期的・戦略的に考えた方が成果も拡大しやすい

そ…そんな難しいことじゃなくて…僕はただ自分のアプリを作って売れたらいいいと…
IT系は特に厳しいんだ
プレイヤーが多い上に一位以外はほとんど駆逐される
開発主体型の起業ならリスク対策は欠かせないよ
ちなみに今は会社員？
いえ…一年前に6年勤めていた会社を辞めました
そうか…本当はまず週末起業から始めるべきだったね
それで様子をみながら必要資金を割り出して3分の1から半分は自己資金を用意すべきだ
貯金はあるの？
200万ほど…

200万か 開発のモノにも よるけど 心もとないな
はい なので融資を 受けたいん ですが…
起業したあとでは 目先のことに 追われて長期的な ことは考えにくく なる
本当は必ず 起業前に 事業計画を 練るべきだ
今まさに その状態 です…
長期 ↓ 中期 ↓ 短期
いいかい？ 事業計画は 長期・中期・短期で 構成される
作成も この順番で 行うといい
長期は5～10年 中期は3～5年 短期は1年を メドに作成するんだ
長期 5～10
中期 3～5
短期 1

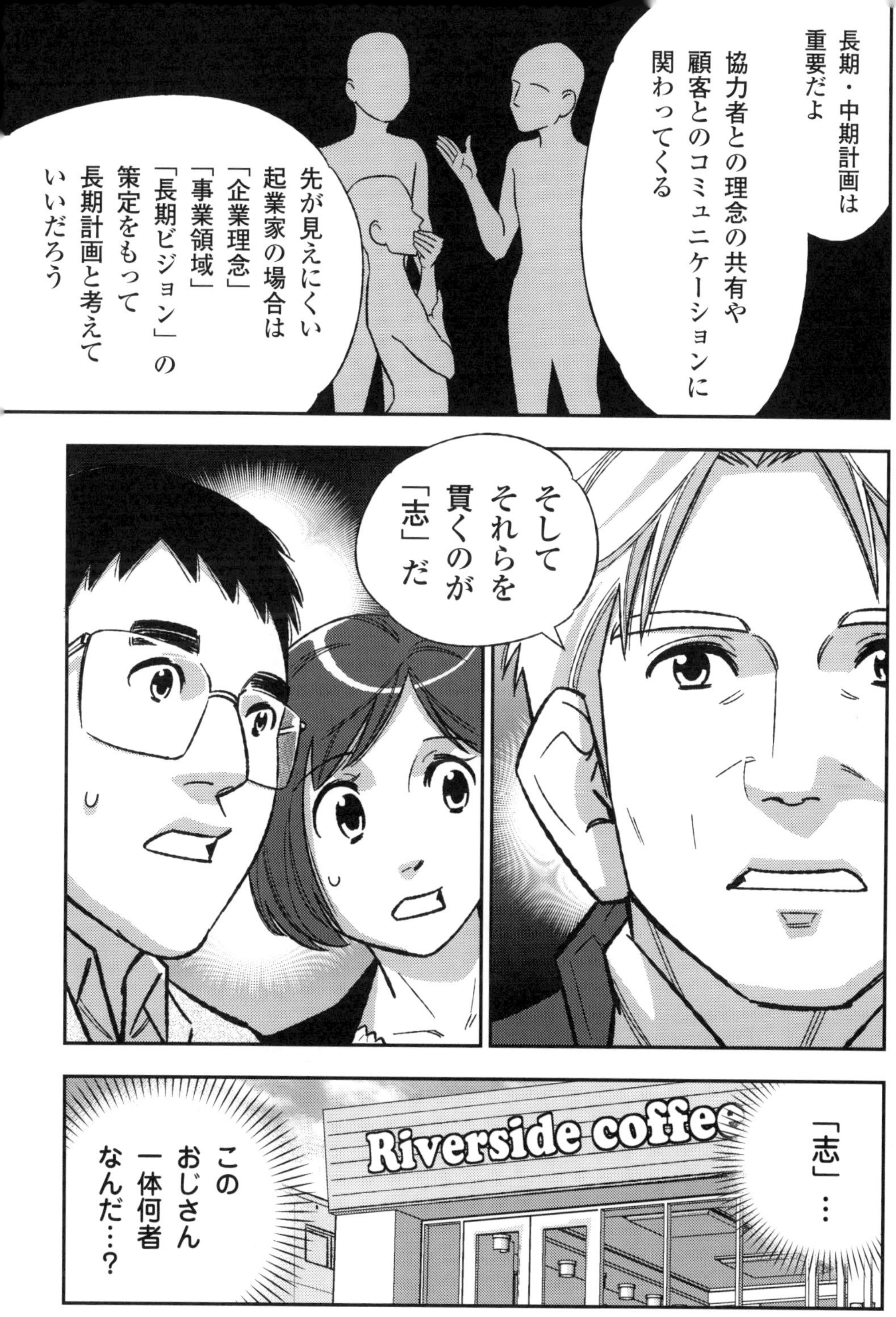
長期・中期計画は
重要だよ
協力者との理念の共有や
顧客とのコミュニケーションに
関わってくる
先が見えにくい
起業家の場合は
「企業理念」
「事業領域」
「長期ビジョン」の
策定をもって
長期計画と考えて
いいだろう
そして
それらを
貫くのが
「志」だ
Riverside coffee
「志」…
このおじさん
一体何者
なんだ…？

01 「目標管理」の考え方～起業するときに最初にやるべきこと

日本で「目標管理」の考え方がポピュラーになったのは、1950年代にP・F・ドラッカーがその著書『現代の経営』で「目標管理」（MBO＝Management By Objectives）の考え方を紹介したことが始まりと言われています。

この目標管理のプロセスを確実に実行する手法として用いられるのが「PDCAサイクル」です。

◎PLAN（プラン：計画・立案）
◎DO（ドゥ：実行・実施）
◎CHECK（チェック：評価・検証・監査）
◎ACT（アクト：見直し・対策・改善）

この4つのステップを左ページの図のようにサイクルとしてとらえているのがPDCA

PDCAサイクルをきちんと回す

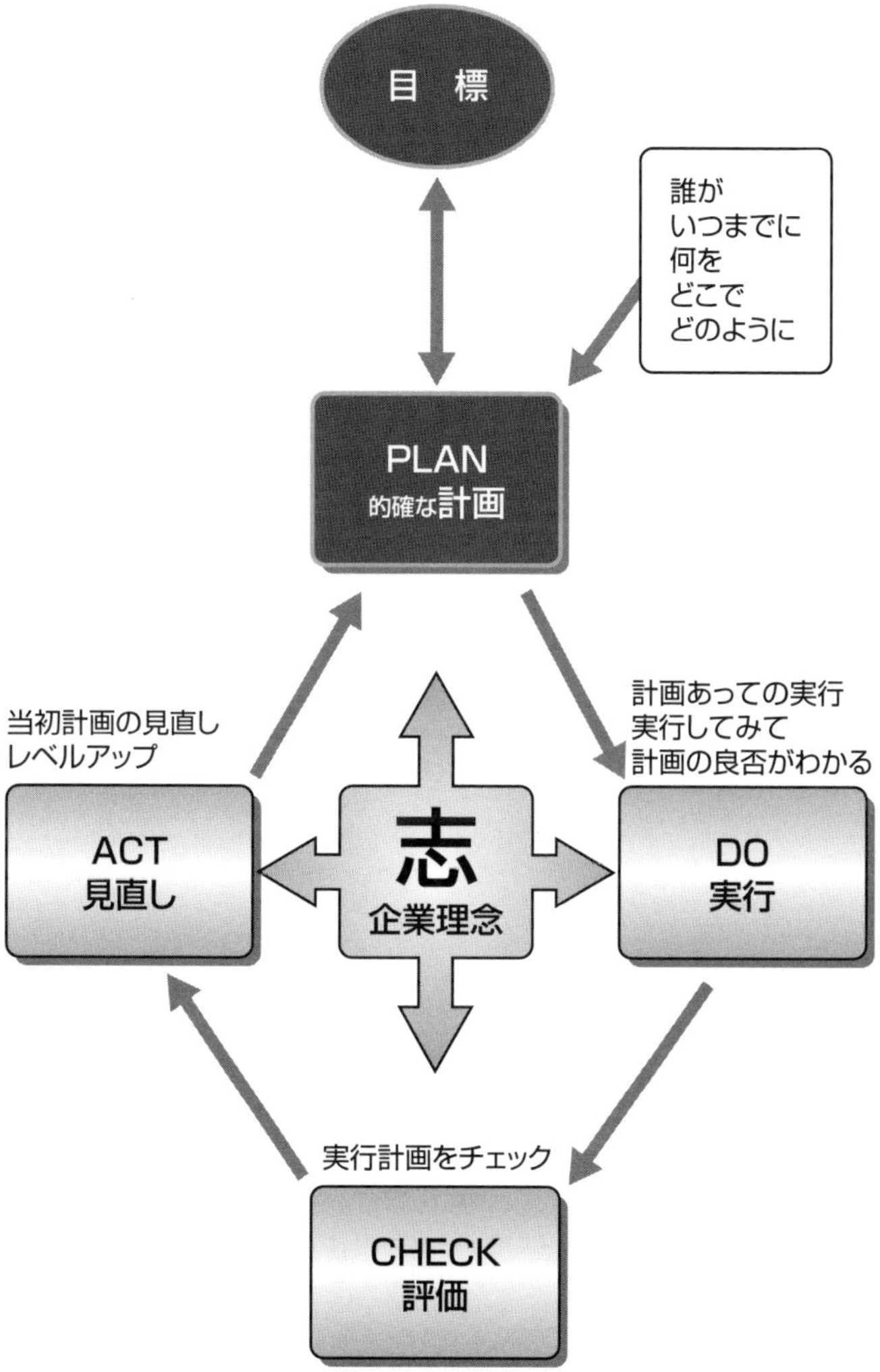

サイクルです。企業を永続的に発展させていくためには、このＰＤＣＡサイクルを回し続けることが必須となります。

日本経営品質賞（ＪＱＡ：Japan Quality Award）や、ＩＳＯ規格（International orgainizasion for Standardization）をはじめ、マネジメントのあらゆる分野でこのＰＤＣＡサイクルを忠実に回すことが、企業経営の王道となっています。ですから、起業の際にもまず計画を立てることから始める必要があります。

「事業計画」とは単に計画することだけを指すのではなく、このＰＤＣＡの４つのステップすべてを指す概念です。計画しても実行しなければ目標は達成できません。実行した結果を計画に照らして評価し、見直しを実施することで次の計画がさらにレベルアップします。

起業家の場合、えてして自分の頭の中だけに漠然と計画されていたり、計画はあってもその通り実行されなかったり、といったケースが少なからず見受けられます。起業時こそ、このＰＤＣＡサイクルを強く意識して「計画」し、「実行」することが大切なのです。

◎計画を立てる意義

ＰＤＣＡサイクルをきちんと回すためには、まずはＰＬＡＮ（計画）を的確に立てることが大事です。計画とは、「こうなりたい」という目標を定め、その目標を達成するために、誰が、いつまでに、何を、どこで、どのように行うかを決めることをいいます。

特に「誰が」「いつまでに」行うかを明確にしておくことが成功のためのポイントになります。やるべき行動アイテムを各人に事前に割り振り、責任と権限を明確にしておくことで、その後の活動を計画的、効果的に進めることができます。各人のやるべきこと、責任をはっきりと「計画書」の中に明示することが、人に「やる気」を持たせ、「実行」に導く大きな要因になるのです。

計画を立てる意義としては、主に次の4つが考えられます。

①計画を立てることで目標の実現度が高まる
②仲間の中に共通の意識が醸成される
③意思決定促進の役割を果たす
④計画と実績のギャップがわかり、進捗が管理できる

起業においても計画を有して臨むのと、そうでないのとでは天地雲泥の差が生じます、将来の行動予定を事前に決めることで、その後のあらゆるステップが確実に効率化されます。

「小さな準備、大きな成果」「事前の一策は事後の百策に勝る」。

事業計画は、内容や期間によって、次のように分類されます。

◆企業理念・事業領域・長期ビジョン
◆中期業務計画（人員、開発、仕入、生産、売上）
◆中期収支計画　◆資金調達計画
◆実行計画　◆年度予算
◆リスク対策

◇起業に必要な事業計画の体系

事業計画は長期計画、中期計画、短期計画で構成されます。長期計画は5～10年、中期計画は3～5年、短期計画は1年をメドに作成されます。作成も長期→中期→短期の順に行います。

起業した後では、当面の対策が次々と飛び込んできて、長期・中期のことなどは考えられなくなりますから、必ず起業前に作成してください。

長期計画

起業の内容によっては10年、20年におよぶ長期の詳細な事業計画が必要になりますが、

起業と事業計画の体系

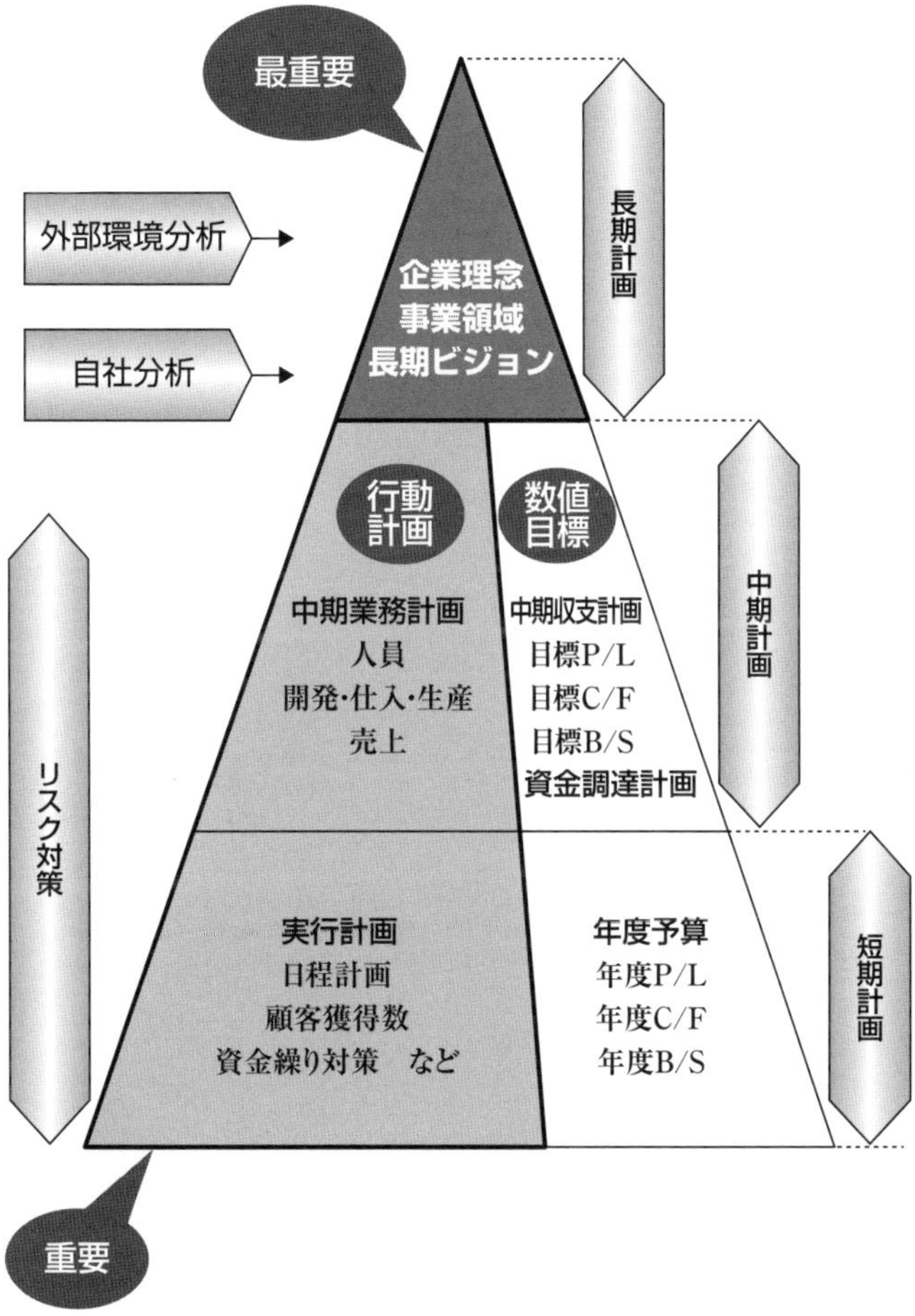

P/L:profit and loss statement　損益計算書
C/F:cash flow statement　キャッシュフロー(現金資金収支)計算書
B/S:balance sheet　貸借対照表

先が見えにくい起業家の場合には、「企業理念」「事業領域」「長期ビジョン」の策定が、イコール長期計画作成と考えれば良いでしょう。

すでに軌道に乗っている一般企業では、これら「企業理念」「事業領域」「長期ビジョン」が設定されているのが普通ですが、起業家の場合、これら計画の根幹部分を、ゼロから全く新たに作る必要があります。しかも、企業理念の設定などは疎かにできない重要なプロセスですので、周囲の人も巻き込んで納得のいくまで検討し、しっかりとした理念やビジョンを作ってください。

中期計画・短期計画

長期計画に基づき、中期・短期の「行動計画」と「数値目標」を作ります。起業はやってみないとわからない未知の部分も多く、数値目標通りにいかないのが普通です。したがって、大事になるのが行動計画といえます。

年度計画は重要だが、長期・中期計画は立ててもしょうがないと言う人がいます。しかし、長期・中期計画こそが、協力者との理念の共有や、顧客とのコミュニケーションに重要な役割を果たすことになります。

起業に必要な事業計画書

	目的			規模			業種			
	成功検証	顧客獲得	投融資依頼	個人事業	小規模法人	中規模法人	士業・コンサル	仕入・販売型	生産・販売型	開発主体型
事業計画書総括表（表紙）	◎	◎	◎	◎	◎	◎	◎	◎	◎	◎
起業理念	◎	◎	◎	◎	◎	◎	◎	◎	◎	◎
外部環境分析	◎	◎	◎	△	◎	◎	◎	◎	◎	◎
自社分析	△	△	○	△	△	○	△	△	○	○
事業領域	◎	◎	◎	◎	◎	◎	◎	◎	◎	◎
長期ビジョン	◎	◎	◎	◎	◎	◎	◎	◎	◎	◎
中期業務計画（人員計画）	△	△	◎	×	△	○	△	○	○	◎
中期業務計画（開発計画）	△	△	◎	△	△	△	△	△	△	◎
中期業務計画（仕入計画）	△	△	◎	△	○	○	△	△	△	◎
中期業務計画（生産計画）	△	△	△	△	△	△	×	×	◎	×
中期業務計画（売上計画）	◎	◎	◎	◎	◎	◎	◎	◎	◎	◎
中期収支計画（P/L,C/F,B/S）	◎	◎	◎	◎	◎	◎	◎	◎	◎	◎
資金調達計画	△	△	◎	△	△	○	△	△	○	○
実行計画	○	○	○	△	○	○	○	○	○	○
年度予算（P/L,C/F,B/S）*	◎	◎	◎	◎	◎	◎	◎	◎	◎	◎
資金繰り対策	△	△	◎	△	△	○	△	△	○	◎
リスク対策	△	△	◎	△	△	○	△	△	○	◎

◎：必須　○：原則必要　△：業種業態により必要　×：不要
＊中期収支計画の1年目部分が年度予算となる

◇何のために事業計画書を作るのか

起業時に事業計画書を作る主な目的は次の通りです。

①事業として成り立つのかを検証するため
②第三者に説明するため
③出資、融資を受けるため
④取引先との信用醸成のため
⑤失敗を次に生かすため

そして何よりも！

⑥成功するため！

起業に際して事業計画を作ると次のような効果が期待でき、成功の確率も高くなります。

①知恵出し：3人寄れば文殊の知恵、皆で考えれば良い知恵が出る。
②目標の共有化：社内外とのコミュニケーションに非常に意味が大きい。
③実現時期の早期化：目標に向けて努力すれば達成は早まる。
④成果の拡大：長期的・戦略的に考えたほうが成果はより拡大する。

起業時には、様々な種類の事業計画書の作成が必要です。そして、起業する業種業態によって必要な事業計画書も異なってきます。27ページの表を参考に何が必要かを検討してください。

事業計画全体を1枚にまとめた総括表は、業種業態や企業規模に関わらず必ず作成してください。一例として、日本政策金融公庫の「創業計画書」の記入例を30、31ページに紹介しますので参照してください。

総括表に添付する各種フォーマットも極力多く作ることをお薦めします。企業理念やビジョン、売上計画は、どんな業種業態であっても必要でしょう。目標P／L、C／F、B／Sも必須です。開発主体型の起業を考える場合には、リスク対策も欠かせません。

また、「事業計画策定体系」を32ページ、256ページに掲載しています。本書のまとめ＝全体像を示した図で、各項目のナンバリングは本書の項番号に対応しています。適宜参照しながら読み進めていただき、最後に振り返りとしてもご活用ください。

☆　この書類は、ご面談にかかる時間を短縮するために利用させていただきます。
　　なお、本書類はお返しできませんので、あらかじめご了承ください。
☆　お手数ですが、可能な範囲でご記入いただき、借入申込書に添えてご提出ください。
☆　この書類に代えて、お客さまご自身が作成された計画書をご提出いただいても結構です。

5　従業員

常勤役員の人数（法人の方のみ）	人	従業員数（うち家族）	人（　　人）	パート・アルバイト	人

6　お借入の状況（法人の場合、代表者の方のお借入れ（事業資金を除きます。））

お借入先名	お使いみち	お借入残高	年間返済額
	□ 住宅 □ 車 □ 教育 □ カード □ その他	万円	万円
	□ 住宅 □ 車 □ 教育 □ カード □ その他	万円	万円
	□ 住宅 □ 車 □ 教育 □ カード □ その他	万円	万円

7　必要な資金と調達方法

	必要な資金	金額	調達の方法	金額
設備資金	店舗、工場、機械、備品、車両など （内訳）	万円	自己資金	万円
			親、兄弟、知人、友人等からの借入 （内訳・返済方法）	万円
			日本政策金融公庫　国民生活事業からの借入	万円
			他の金融機関等からの借入 （内訳・返済方法）	万円
運転資金	商品仕入、経費支払資金など （内訳）	万円		
	合　計	万円	合　計	万円

8　事業の見通し（月平均）

		創業当初	軌道に乗った後（　年　月頃）	売上高、売上原価（仕入高）、経費を計算された根拠をご記入ください。
売上高①		万円	万円	
売上原価②（仕入高）		万円	万円	
経費	人件費（注）	万円	万円	
	家賃	万円	万円	
	支払利息	万円	万円	
	その他	万円	万円	
	合計③	万円	万円	
利益 ①－②－③		万円	万円	（注）個人営業の場合、事業主分は含めません。

ほかに参考となる資料がございましたら、計画書に添えてご提出ください。

（日本政策金融公庫　国民生活事業）

日本政策金融公庫 創業計画書

創 業 計 画 書

〔平成　　年　　月　　日作成〕

お名前＿＿＿＿＿＿＿＿

1 創業の動機（創業されるのは、どのような目的、動機からですか。）

	公庫処理欄

2 経営者の略歴等

	年　月	内　容	公庫処理欄
経営者の略歴			
	過去の事業経験	□ 事業を経営していたことはない。 □ 事業を経営していたことがあり、現在もその事業を続けている。 □ 事業を経営していたことがあるが、既にその事業をやめている。 （⇒やめた時期：　　年　　月）	
	取得資格	□ 特になし　□ 有（　　　）	
	知的財産権等	□ 特になし　□ 有（　　（□ 申請中　□ 登録済））	

3 取扱商品・サービス

		公庫処理欄
取扱商品サービスの内容	①　　（売上シェア　　%）	
	②　　（売上シェア　　%）	
	③　　（売上シェア　　%）	
セールスポイント		

4 取引先・取引関係等

	フリガナ 取引先名 （所在地等）	シェア	掛取引の割合	回収・支払の条件	公庫処理欄
販売先	（　　）	%	%	日〆　　日回収	
	（　　）	%	%	日〆　　日回収	
	ほか　　社	%	%	日〆　　日回収	
仕入先	（　　）	%	%	日〆　　日支払	
	（　　）	%	%	日〆　　日支払	
	ほか　　社	%	%	日〆　　日支払	
外注先	（　　）	%	%	日〆　　日支払	
	ほか　　社	%	%	日〆　　日支払	
人件費の支払	日〆　　日支払（ボーナスの支給月　　月、　　月）				

事業計画策定体系　※○内数字は本書の項番号に対応

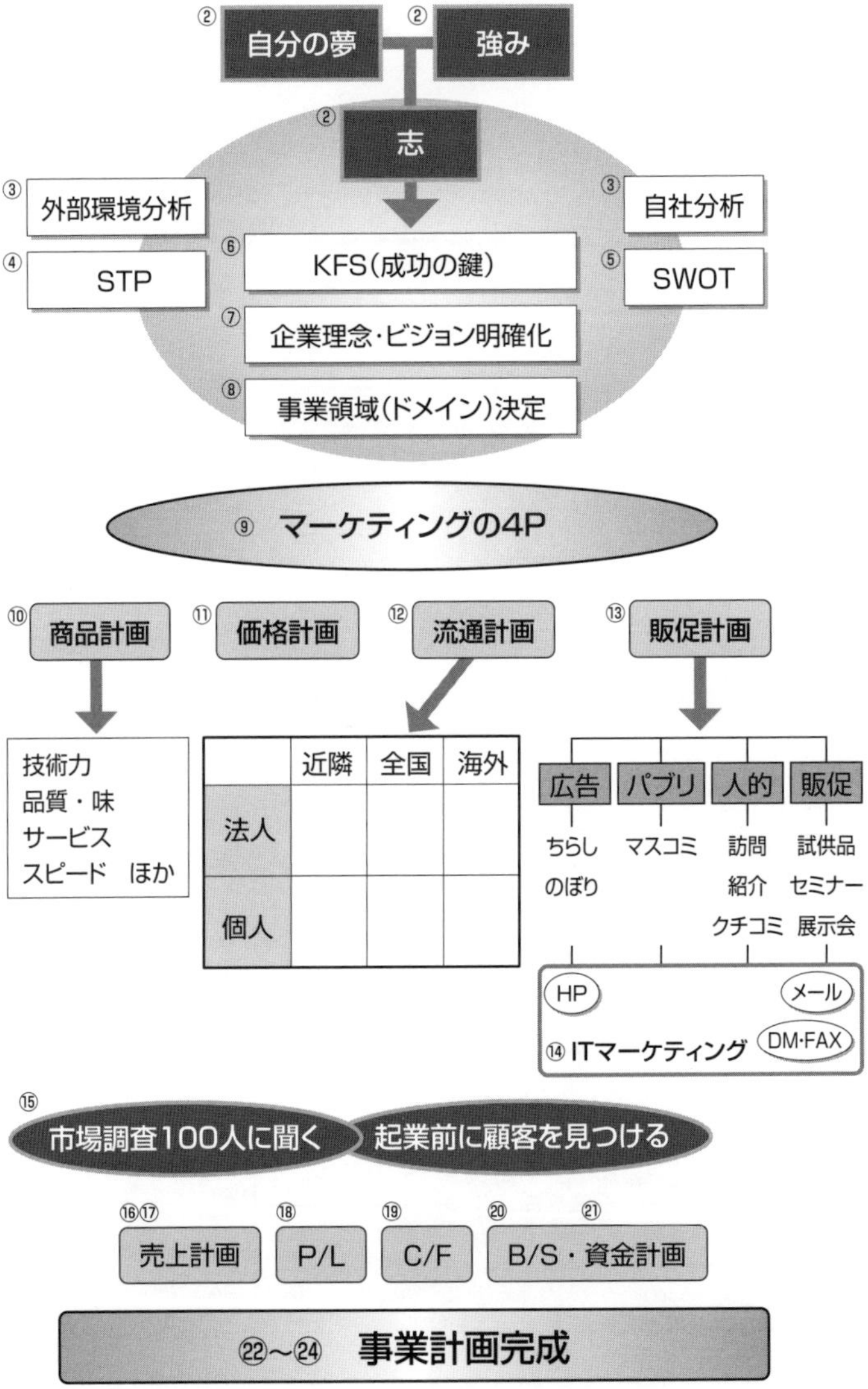

STEP 1

事業計画の根幹を固める

STORY 1 やる気と知恵はそこそこあっても失敗率○○％?!

きちんと外部環境を調べたかどうか？顧客の希望を聞いたかどうか？が事業の成否を左右するといっても過言じゃない
市場調査って…でも僕みたいな素人はどうすれば……

サァァァ……
〝志〟……
STORY 1
やる気と知恵はそこそこあっても失敗率○○％?!
志って言われてもなぁ…
事業計画書なんて項目埋めればいいものだと思ってたし…
僕の志ってなんだっけ……
カタ
カタ
……
ザァァァ……
パシャ
パシャ

おじさん このへんを毎日 ウォーキングしてる って言ってたけど
こんな雨だと さすがに いないか……
…通りすがりの おじさんに 頼ろうなんて どうかしてるな…
夕飯の買い物 でもして帰ろう
こうなって みると 世の中の ビジネスは よくやって るよなぁ
皆どうやって お金を借りたり 軌道にのせたり してるんだろう

…って
スタスタスタスタスタスタスタスッス
おじさん!?
おや君は先日の…
あ…!!
そうです!覚えててくれたんですか
買い物ですか?
雨の日はこうして屋内をウォーキングしてるんだ
流行りものとかいろいろな情報が得られるしね
すごいなぁ勉強熱心なんですね

そんな大げさなものじゃないさ
世の中の動向を見るのは楽しいものだよ
……
このあいだ「志」って仰ったじゃないですか
僕それが気になって…
「志」ってなんでしょう?
このモールのお店たちにはそれがあるんですよね…?
そうだね
どんな大企業でも一番最初は創業者の「夢」から始まっている

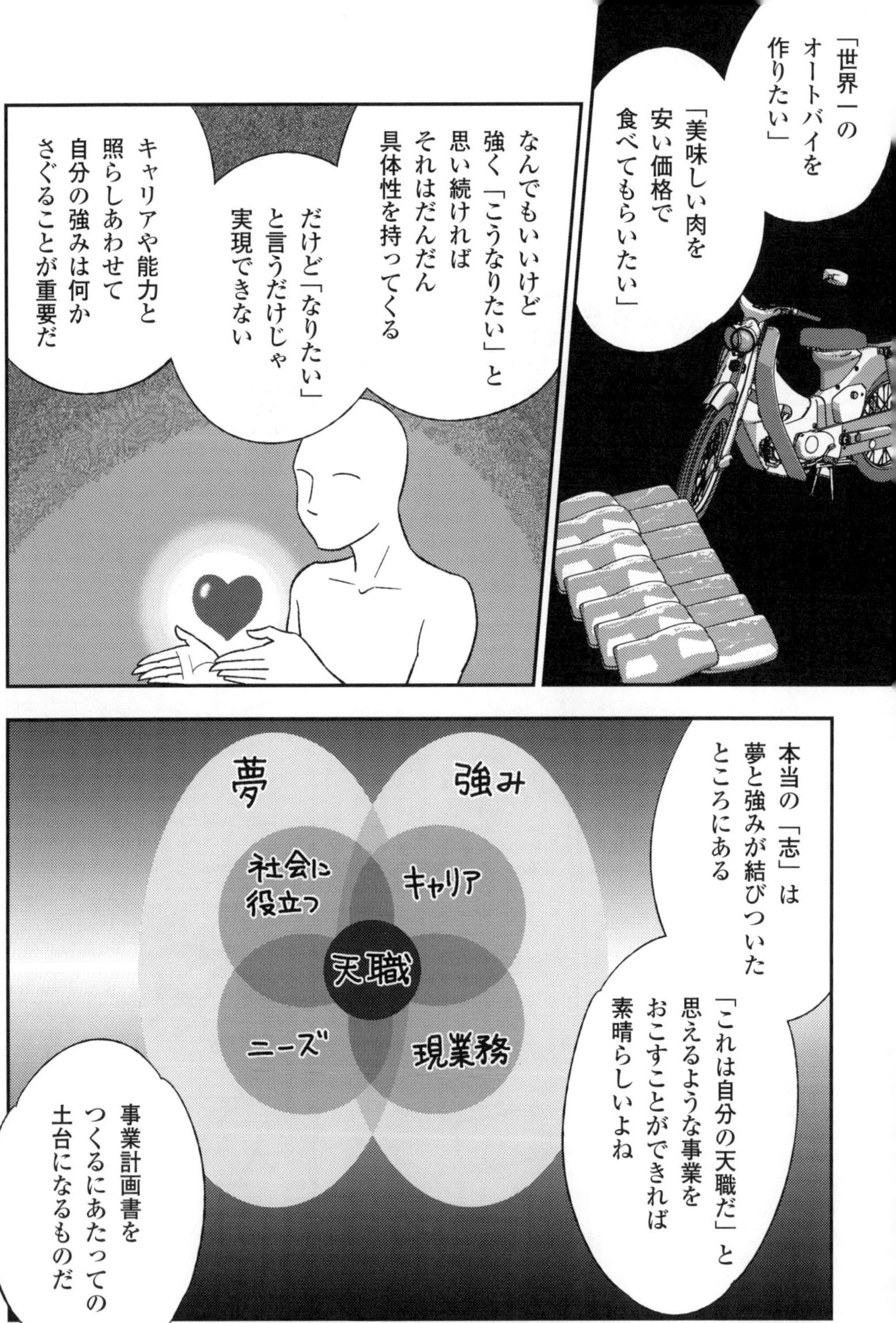
「世界一のオートバイを作りたい」
「美味しい肉を安い価格で食べてもらいたい」
なんでもいいけど強く「こうなりたい」と思い続ければそれはだんだん具体性を持ってくる
だけど「なりたい」と言うだけじゃ実現できない
キャリアや能力と照らしあわせて自分の強みは何かさぐることが重要だ
本当の「志」は夢と強みが結びついたところにある
夢
強み
社会に役立つ
キャリア
天職
ニーズ
現業務
「これは自分の天職だ」と思えるような事業をおこすことができれば素晴らしいよね
事業計画書をつくるにあたっての土台になるものだ

夢と強みかぁ…
僕は何だろう？
自分の技術でアプリを作って世の中の役に立てたらいいなと思うし
そのためのキャリアも積んできたつもりなんですけど…

うん
そういうものを企業の志としてまとめたのが「企業理念」だね

企業理念は基本的にこの3つで表されることが多いね
バランスもよくなる

①企業使命
社会に提供する価値、社会への貢献のあり方

②経営姿勢
経営上重視すること、基本姿勢

③行動規範
経営者・社員の心得、社員の考え方、行動のあり方

この3つでなくては
いけないという
ことではないよ
「社是・社訓」という
かたちで定めている
企業もある
企業理念かぁ…
なんだかすぐには
難しいです
そうだね
すぐに決まる
ものでもない
自社と業態の近い
他社の企業理念も
参考にしながら
考えるといい
なるほど～
ちょっと検索
してみます
理念
企業理念は
社内だけでなく
顧客や関係者に
自社のスタンスを
理解してもらう
のにも役立つし
10年以上の
永きにわたって
自社の方向を
定めるものだから
周囲の意見も
いれながら
しっかりと
作るべきだね

そうか…事業をやっていくうえでのビジョンみたいなものですかね
あんまり持ってなかったかも
ビジョン
事業
注意したいのは「お金を儲ける」というのは企業理念ではないということだ
儲けることは企業理念を実現するための単なる一手段にしかすぎない
「とりあえず売上があがればいい」などと考えていると
苦しい局面に遭遇したときに組織が持ちこたえられないだろう
岐路に立ったときに道を照らすものにもなるからね
企業理念は大事だよ
理念
…でも難しいですね自分の理想だけでも商売ってやっていけないだろうし

「夢」と「強み」はわかりましたがここはどうやって探すんですか？
夢
強み
社会に役立つ
キャリア
天職
ニーズ
現業務
いいところに気がついたね
そこで市場調査が大切になってくるんだ
現在と将来の変化を織り込んだKFSの抽出・分析をするのがカギになってくる
KFS？
ようするに「成功要因」のことだよ
Key Factors for Success
事業成功のポイントはいかに的確に「世の中の動きをとらえる」か「顧客の心を掴む」かにかかっている…
こういうと当たり前のようだけど
じつは起業家の努力が一番欠けがちなのが市場調査なんだよ
市場？
顧客？

きちんと外部環境を
調べたかどうか？
顧客の希望を
聞いたかどうか？が
事業の成否を
左右するといっても
過言じゃない
市場調査って…
でも僕みたいな素人は
どうすれば……

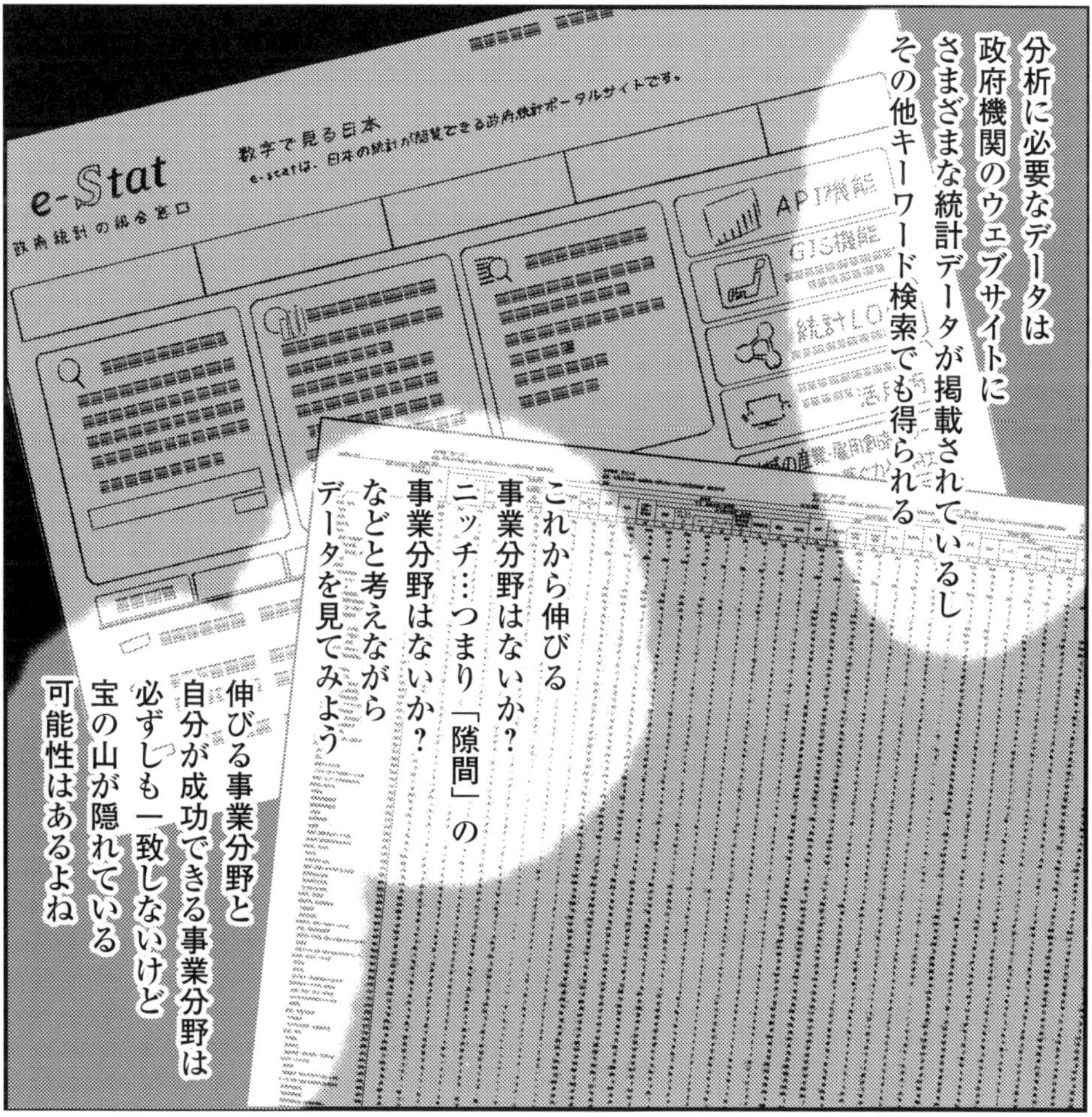
分析に必要なデータは
政府機関のウェブサイトに
さまざまな統計データが掲載されているし
その他キーワード検索でも得られる
e-Stat
政府統計の総合窓口
数字で見る日本
e-statは、日本の統計が閲覧できる政府統計ポータルサイトです。
API機能
GIS機能
これから伸びる
事業分野はないか？
ニッチ…つまり「隙間」の
事業分野はないか？
などと考えながら
データを見てみよう
伸びる事業分野と
自分が成功できる事業分野は
必ずしも一致しないけど
宝の山が隠れている
可能性はあるよね

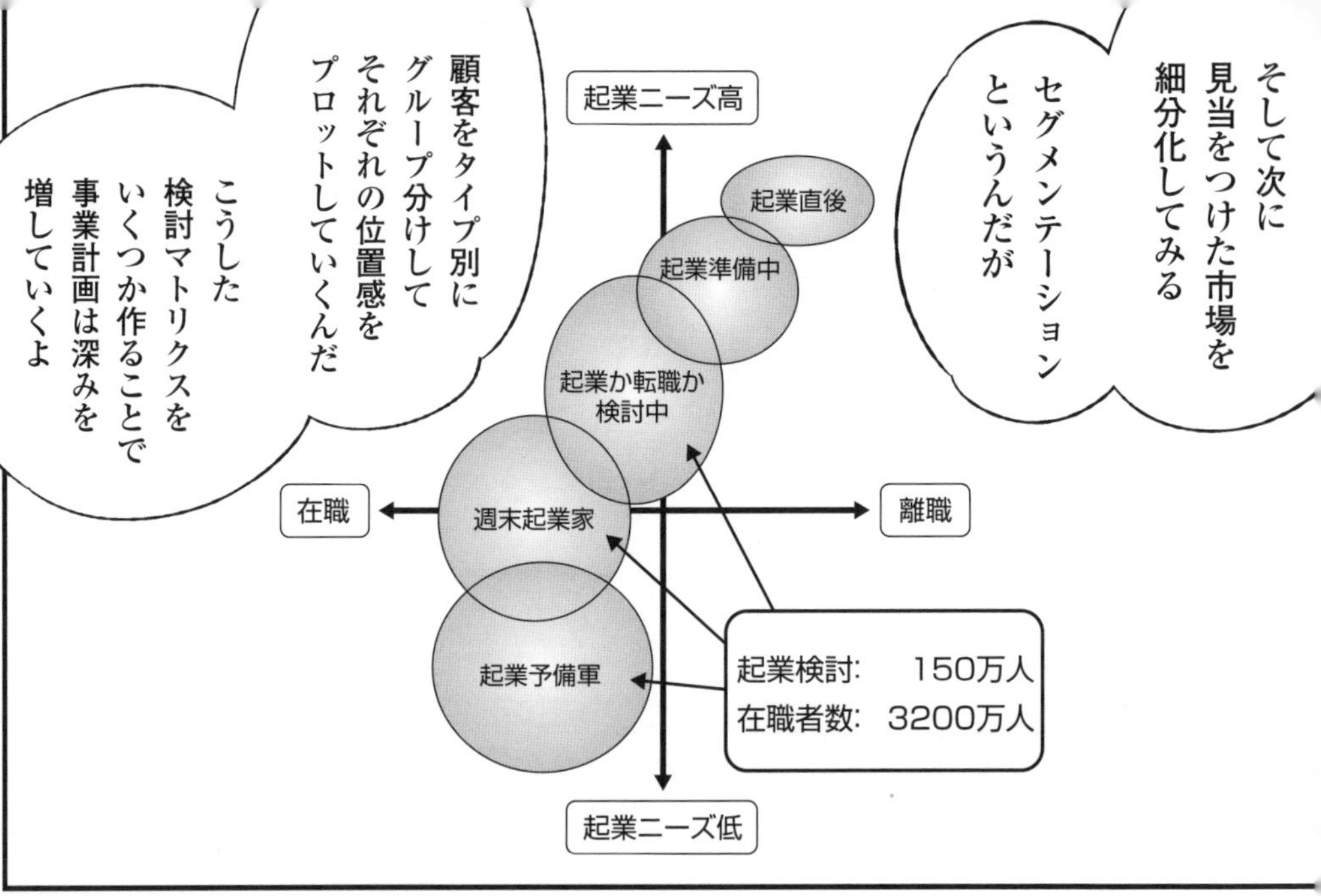

そして次に見当をつけた市場を細分化してみる
セグメンテーションというんだが
起業ニーズ高
起業直後
起業準備中
起業か転職か検討中
在職
週末起業家
離職
起業予備軍
起業検討: 150万人
在職者数: 3200万人
起業ニーズ低
顧客をタイプ別にグループ分けしてそれぞれの位置感をプロットしていくんだ
こうした検討マトリクスをいくつか作ることで事業計画は深みを増していくよ

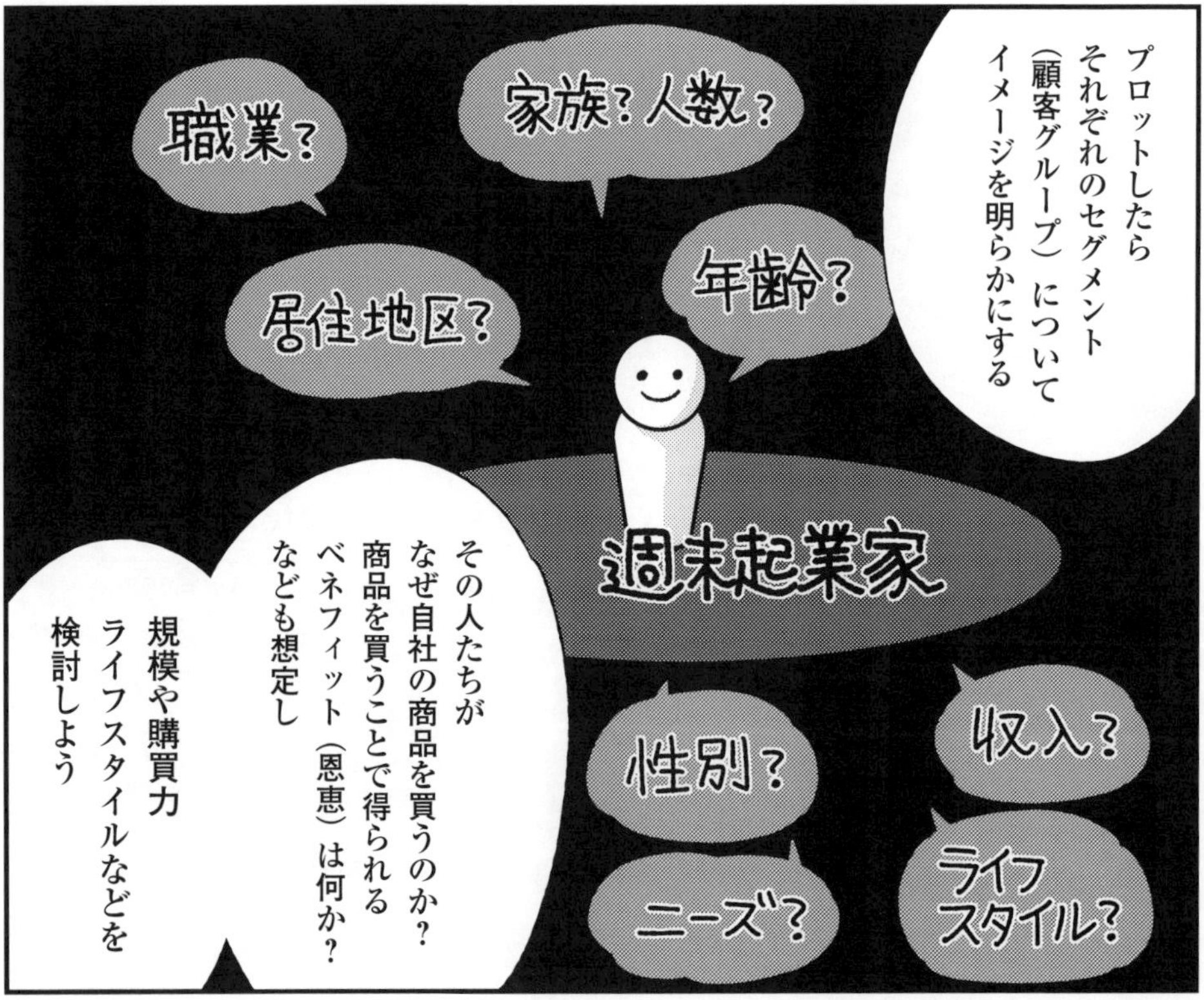

プロットしたらそれぞれのセグメント（顧客グループ）についてイメージを明らかにする
家族？人数？

職業？

年齢？

居住地区？

週末起業家
収入？

性別？

ライフスタイル？

ニーズ？

その人たちがなぜ自社の商品を買うのか？商品を買うことで得られるベネフィット（恩恵）は何か？なども想定し
規模や購買力ライフスタイルなどを検討しよう

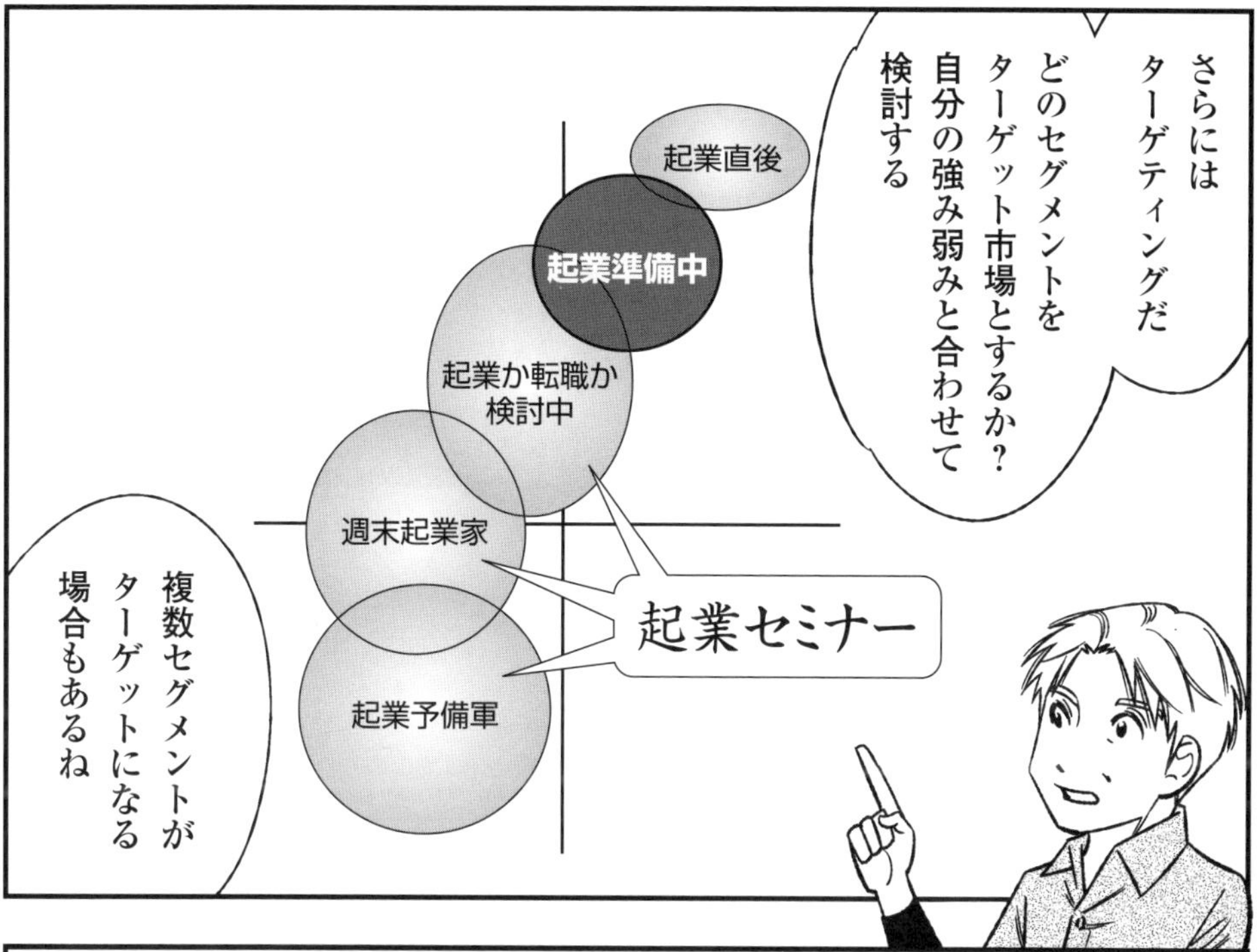
さらには
ターゲティングだ
どのセグメントを
ターゲット市場とするか？
自分の強み弱みと合わせて
検討する
起業直後
起業準備中
起業か転職か
検討中
週末起業家
起業予備軍
起業セミナー
複数セグメントが
ターゲットになる
場合もあるね

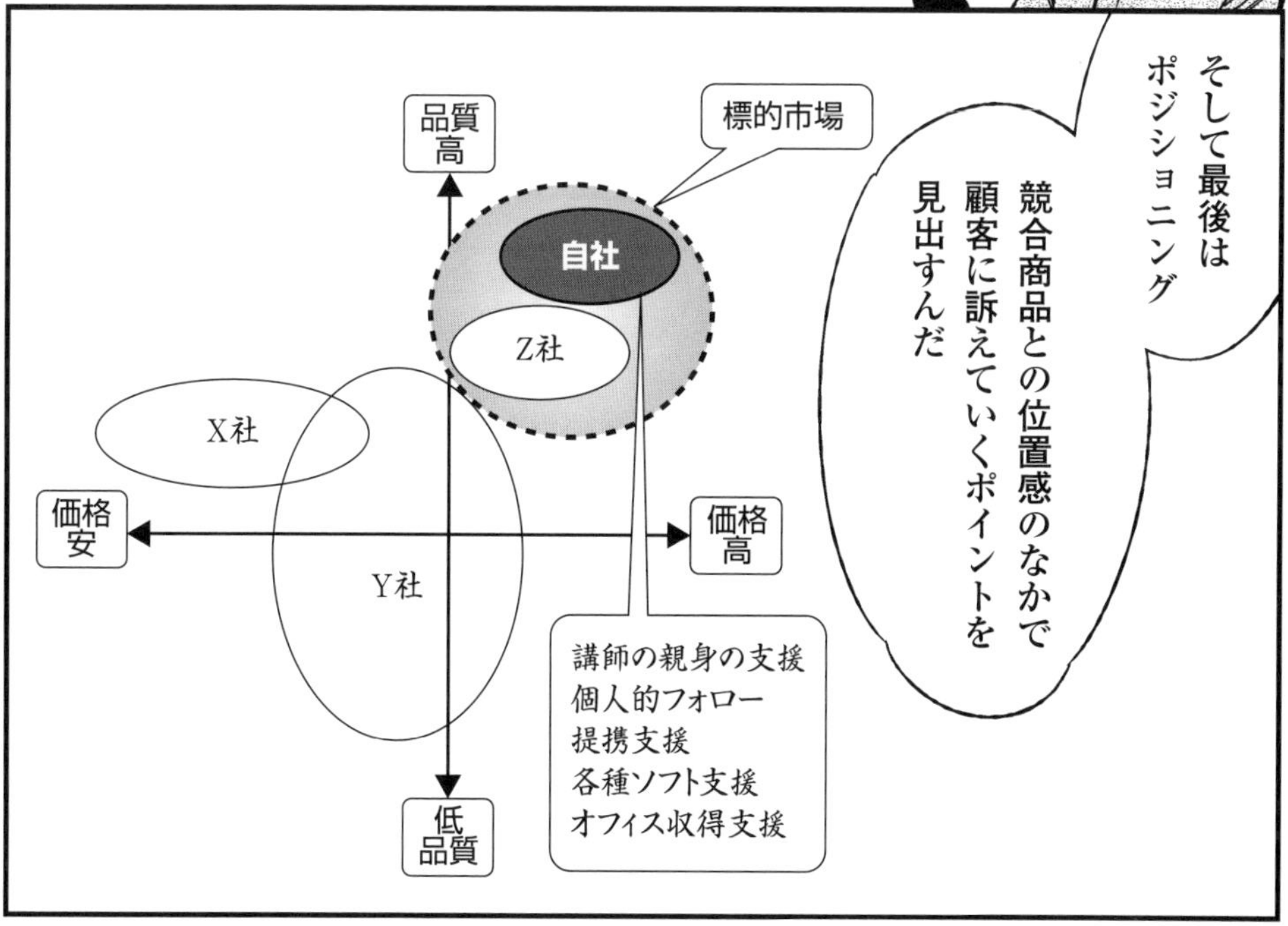
そして最後は
ポジショニング
競合商品との位置感のなかで
顧客に訴えていくポイントを
見出すんだ
標的市場
品質
高
自社
Z社
X社
価格
安
価格
高
Y社
低
品質
講師の親身の支援
個人的フォロー
提携支援
各種ソフト支援
オフィス収得支援

Key Factors for Success

こうした分析を行うなかでKFSは次第に明らかになっていく

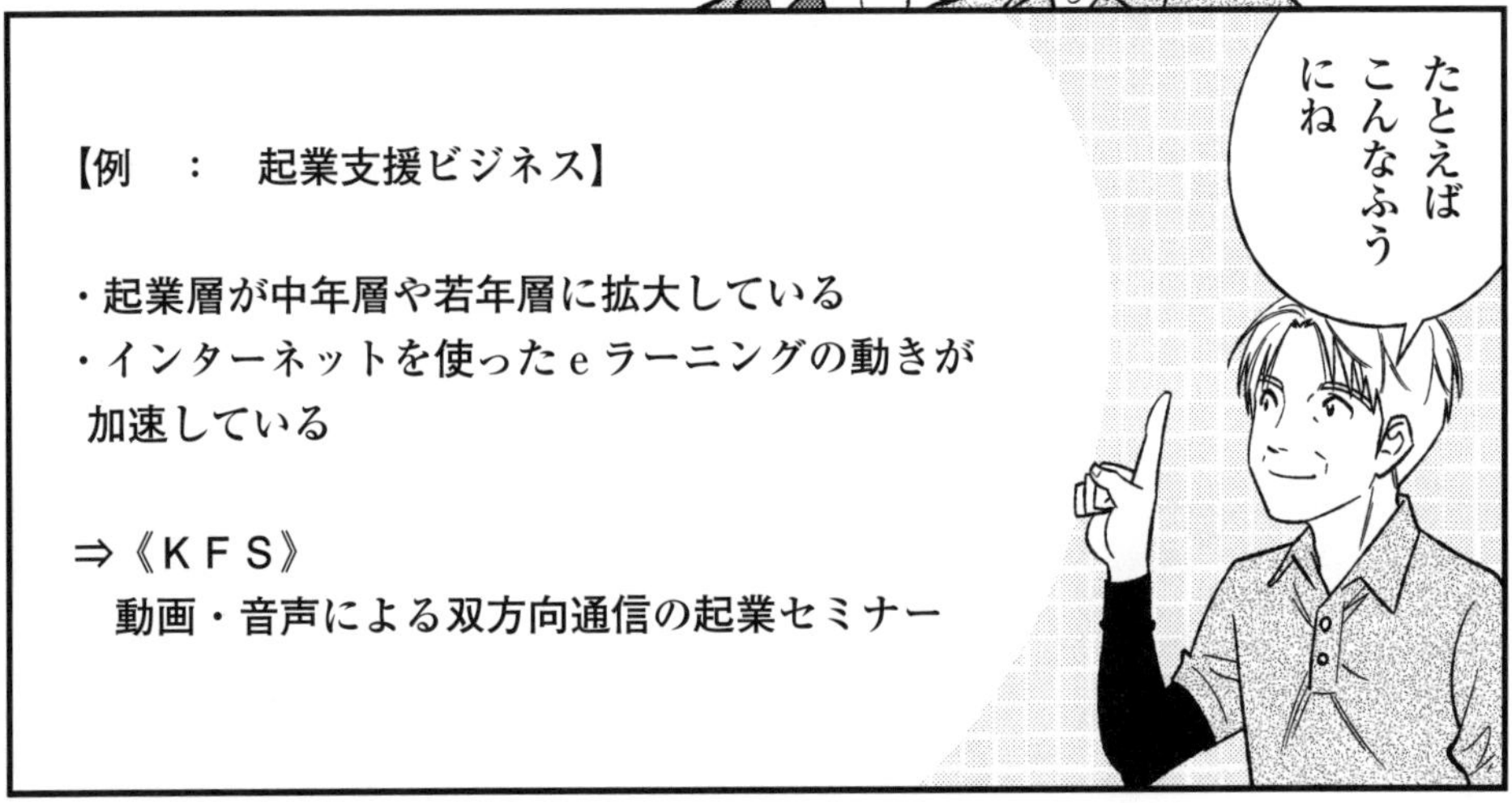
たとえばこんなふうにね
【例　：　起業支援ビジネス】
・起業層が中年層や若年層に拡大している
・インターネットを使ったｅラーニングの動きが加速している
⇒《ＫＦＳ》
動画・音声による双方向通信の起業セミナー

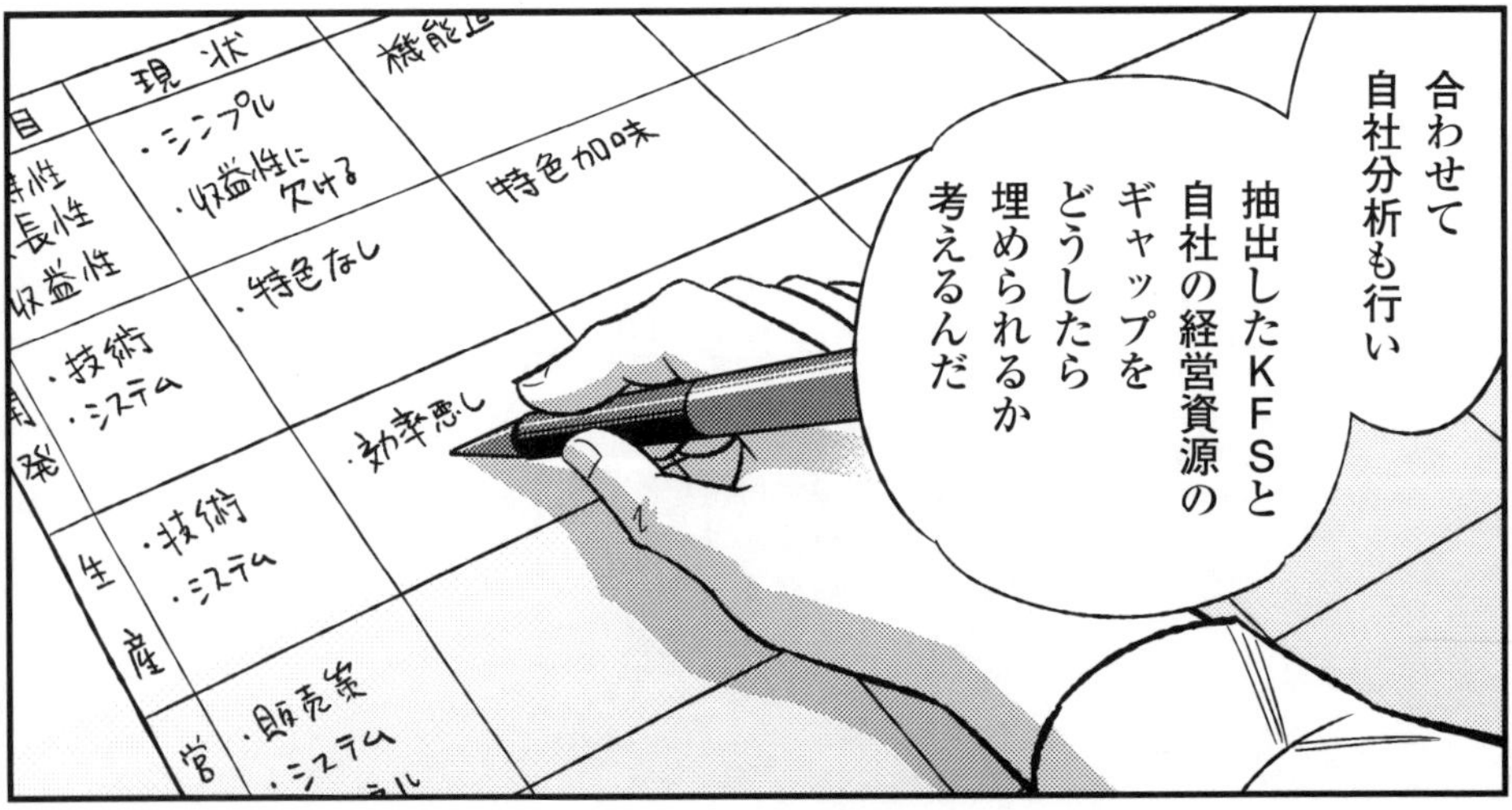
合わせて自社分析も行い
抽出したKFSと自社の経営資源のギャップをどうしたら埋められるか考えるんだ
現状
・シンプル
・収益性に欠ける
特色加味
・特色なし
・技術
・システム
・効率悪し
生産
・販売策

難しすぎる…!!
以上のことはとても大事だけど分析のための分析に陥らないようにね
…って言われたけどそうなってしまいそうだ……
あのおじさんすごいですね…!
本当だよ何者なんだろう…
次はえーと「事業領域」ってやつですか
@事業領域
うんそれは…
ここまでの分析で「誰に」「何を」「どのように」売るかっていうのが漠然と見えてきたでしょ?
それをより一層固めるために事業領域・生存領域を考えるんだ
…って聞いた

たとえばファッションの販売でも「婦人向け衣料の販売」とするのと
「地域の女性に最先端のファッションを提供し、美しさの追求と満足感の高揚に貢献する」とするのでは展開も全然変わってくる
前者は対象が広いですけど後者はソフト重視ですね
僕の場合だとどうなるだろう？本当は独立前にやっとくべきだったんだろうけど……
じゃあ「お客さんがついてるところ」で考えてみますか
そこそこユーザーがついてるのはダイエットアプリですかね
カタ
カタ

そうだね 作った本人が たいして痩せて ないけど…
それを 伸ばして いこうかなぁ
あら私 使ってますよ！ デザインが シンプルなのが いいです
へぇ そう言われると 嬉しいけど
他にどんなのが あったらいいと 思う？
そー ですねぇ
私最近 ジムに 通い始めた んですけど
トレーニングの 記録アプリが ほしいです
多機能なのは いいんですが とっつきづらいのが 多いんですよね
もうちょっと シンプルに記録 しやすいものが 欲しいんですが…
あと友達と シェアしたり リアクション 付けあいたい です！
励みに なるし！

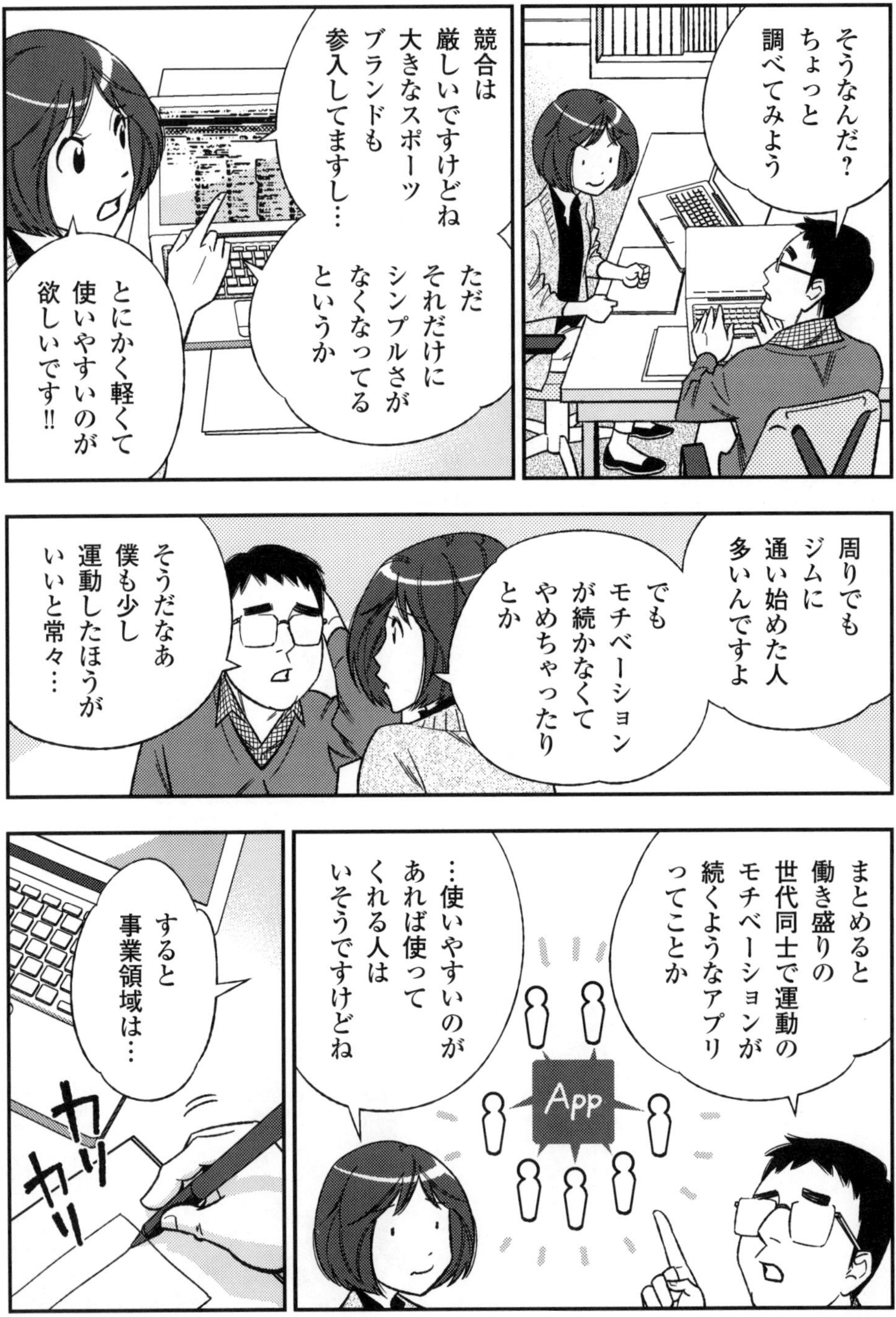
そうなんだ？ちょっと調べてみよう
競合は厳しいですけどね大きなスポーツブランドも参入してますし…
ただそれだけにシンプルさがなくなってるというか
とにかく軽くて使いやすいのが欲しいです!!
周りでもジムに通い始めた人多いんですよ
でもモチベーションが続かなくてやめちゃったりとか
そうだなあ僕も少し運動したほうがいいと常々…
まとめると働き盛りの世代同士で運動のモチベーションが続くようなアプリってことか
App
…使いやすいのがあれば使ってくれる人はいそうですけどね
すると事業領域は…
カリカリ

誰に	何を	どのように
働き盛りの人たちに	モチベーションを持続させるための使いやすくてシンプルな記録アプリを	6年間アプリ開発に携わった経験を活かして

↓ ↓ ↓

事業領域

働き盛りの人たちに、運動のモチベーションが持続するようなシンプルで使いやすい記録アプリを提供する。

6年間のアプリ開発経験を活かす。

02 「夢」「志」の重要性

自分の得意な分野で起業する、しかも、それが世のため人のためになり、自分の夢もかなえられる仕事だとしたら、それはもう「天職」といっていいでしょう。

そのような仕事は「やる気」「志」を持って取り組むことができます。成功した起業家に共通しているのが、「夢」や「志」を早くからしっかり持っていたという点です。

◎夢

起業を志している人なら、いろいろな「夢」「目標」を持っていると思います。成功した人にそのポイントを聞くと、「夢や目標を紙に書いて、壁に貼って、毎日繰り返し眺めて、声に出して読み上げた」とか、「夢や目標を紙に書いて常に持ち歩き、毎日何度も眺めた」と言います。

まずは、自分の夢を確認し、次の❶～❹を実行してみましょう。

❶自分の夢をいくつも紙に書き出してみる。できるだけ大きな文字で書く。現在形か過去完了形の短い肯定文にする（例「～をお客様に提供する会社です」「～をお客様に提供

起業を志す

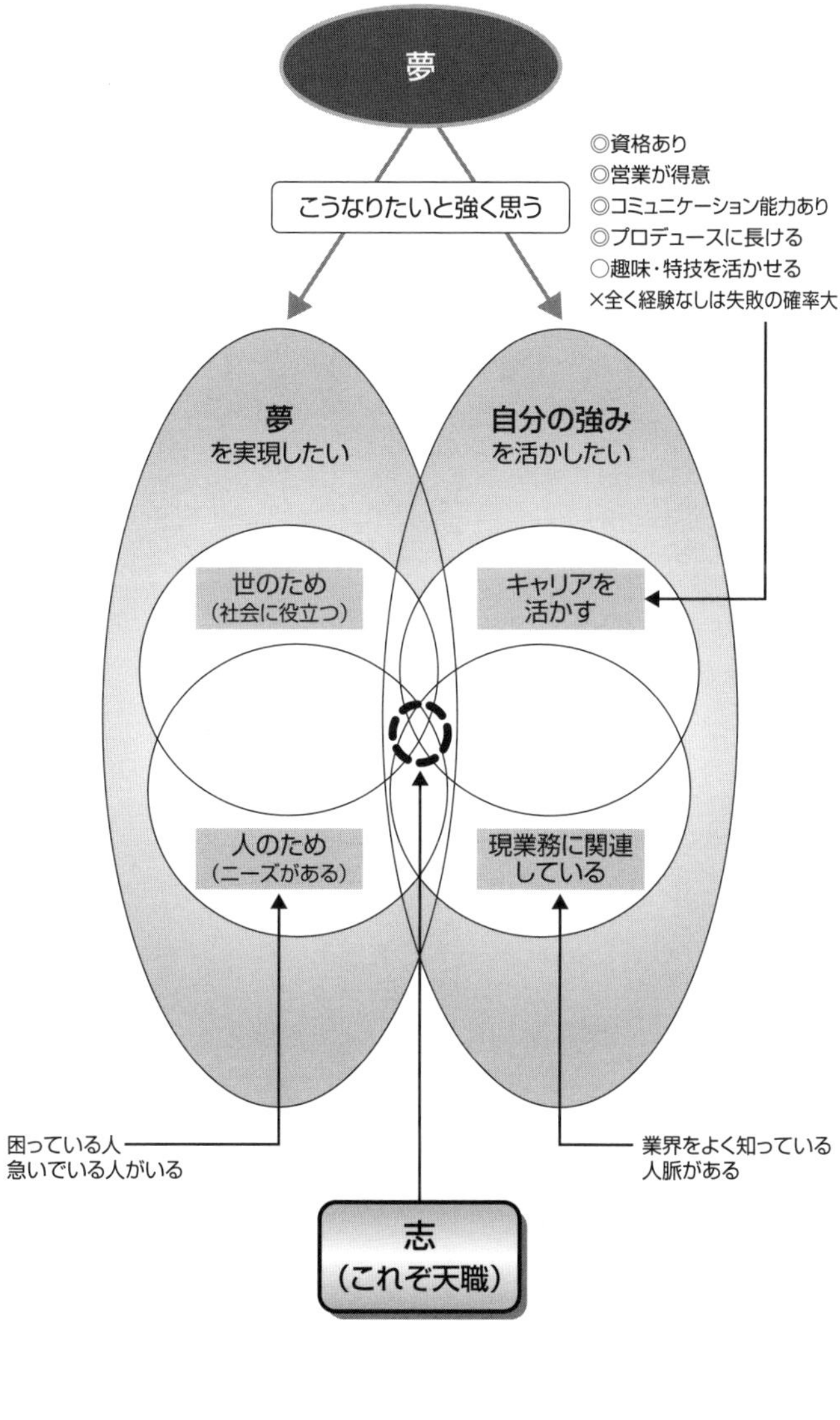
夢
こうなりたいと強く思う
◎資格あり
◎営業が得意
◎コミュニケーション能力あり
◎プロデュースに長ける
○趣味・特技を活かせる
×全く経験なしは失敗の確率大
夢
を実現したい
自分の強み
を活かしたい
世のため
(社会に役立つ)
キャリアを
活かす
人のため
(ニーズがある)
現業務に関連
している
困っている人
急いでいる人がいる
業界をよく知っている
人脈がある
志
(これぞ天職)

する会社になりました」)。

❷前述❶を実現するために、やらなければならないことを書き足す。いつまでにやるか、期限を設定する。

❸それを寝室や洗面所・トイレなどに貼り、1枚は常に携帯する。

❹それを毎日眺め、声に出して読み上げ、「潜在意識」に刻み込む。

夜、就寝直前はリラックス状態で「潜在意識」に刻み込みやすくなります。そこで就寝前には、その日1日、夢実現のために行った事を思い返し、明日は何をするかを考えます。朝、起床直後も意識が目覚めておらず「潜在意識」に働きかけやすい状態です。

これを毎日繰り返していると、「夢」が徐々に「予定」と思えるようになり、夢の実現が実感できるようになります。

ある起業家の「夢」

㈱トライプランニングの丸山修市社長は、自分の強みであるマーケティングのノウハウと、営業現場で蓄積した体験も生かしたマーケティングコンサル事業を展開しています。「自社商品を明確化する5つのポイント」、「広告・宣伝に必要な5つの法則」、「PASONAの法則」等、マーケティングの基本セオリーを基に、クライアントに対して顧客開拓支援を実施中です。

起業前は、普通の会社員だった丸山さん。ある日、外国人客と食事の際、「あなたの夢は？　目標は？」「10年後はどんなことをしていたいの？」という質問に答えられず、苦い経験をしました。そんな折、トライアスロンを通じて出会った、様々な価値観を持つ人たちの影響で、徐々にモノの見方や人生観が変わりました。

丸山さんは、いろいろと自分の夢・目標を模索しました。その中で始めたファイナンシャルプランナーの勉強は、自身の考えや世の中のしくみを理解・整理するに大いに役立ち、独立して自分の夢を実現したいと決意するきっかけにもなりました。

そして、独立し営業支援の会社を立ち上げ、会社員時代の経験をもとに、上場企業から中小企業まで様々な業種のお客様の「営業支援」をしています。企業はどんなに良い商品やサービスがあっても、お金を払ってくれるお客様がいないと成り立ちません。丸山さんは、数々の企業の「お客様探し」をお手伝いすることは、とてもやりがいのある仕事であり、今ではその一つひとつの仕事が、自分の夢そのものだと語っています。

◇志

「志」とは「士」の「心」と書きます。士とは「人民の上位にある者」「学徳を修めた立派なひと」などのことです（『広辞苑』）。組織のリーダー・企業のトップを意味します。士に対する言葉は「庶」。その意味は「もろもろ」「あまた」（『角川漢和中事典』）で、従業員にあたります。世の中、士だけでは成り立ちません。士と庶が当然必要です。自分は士になる！　このことを自分にしっかりと言い聞かせて進んでください。以下に、先人たちの「志」を思い起こしてみましょう。

起業した先人たちの志①　森永太一郎（1865～1937）

森永製菓の創業者・森永太一郎は、1888年、アメリカに渡りました。九谷焼の貿易商の店員として、焼き物を売り込みに行ったのです。しかし、アメリカでの商売はうまくいきませんでした。酒をあおっては公園のベンチで寝転がる日々。そんなある日、サンフランシスコの公園で、森永はキャラメルの包み紙を拾います。子供達が捨てたその包み紙を見た森永は、「日本の子供たちも喜ぶに違いない」とひらめきました。

森永は洋菓子製造を天職に定めます。それから苦労を重ねて洋菓子の製法を身につけ、1899年に帰国。その年に森永西洋菓子製造所を創業しました。1935年に引退するまで、森永はミルクキャラメルや板チョコなどを発売し、日本に洋菓子を普及させました。日本中の子どもたちが、森永のお菓子に目を輝かせたのです。

起業した先人たちの志② 松下幸之助（1894〜1989）

パナソニックには、創業者である松下幸之助が1929年に制定した「綱領」があります（松下電器綱領「産業人タルノ本分ニ徹シ　社会生活ノ改善ト向上ヲ図リ　世界文化ノ進展ニ寄与センコトヲ期ス」）。

世のため人のために尽くそうという松下イズムが、簡潔に、そして明確に、示されています。そして松下幸之助は1932年には「水道哲学」を唱えるに至ります。曰《いわ》く、「産業人の使命は貧乏の克服である。そのためには物資の生産に次ぐ生産をもって、富を増大しなければならない。水道の水は、通行人がこれを飲んでもとがめられない。それは量が多く、価格があまりにも安いからである。産業人の使命も、水道の水のごとく、物資を安価無尽蔵たらしめ、楽土を建設することである」……。

今や電化製品は、驚くほど安く供給されています。

起業した先人たちの志③ 本田宗一郎（1906〜1991）

本田宗一郎は1954年に社員にこう挨拶しています。「私の幼き頃よりの夢は、自分で製作した自動車で全世界の自動車競争の覇者となることであった。（中略）ここに私の決意を披瀝し、T・Tレースに出場、優勝するために、精魂を傾けて創意工夫に努力することを諸君と共に誓う」……。

その言葉通り、1961年、みずから研究部門の陣頭指揮を執《と》り、二輪車の世界グランプリレースを制覇。1966年、グランプリレースで史上初の5種目完全制覇を達成、世界一の二輪車メーカーの地位を不動のものにしたのです。

その後、四輪車、航空機、ロボットと、本田技研は夢を追い続けています。

起業した先人たちの志④　安藤百福（1910〜2007）

日清食品の創業者・安藤百福がチキンラーメンを開発・発売したのは、終戦直後に大阪・梅田の闇市で、ラーメンの屋台に並ぶ行列を見たことがきっかけでした。

「もっと手軽にラーメンを」という思いから試行錯誤を始め、1958年にチキンラーメンを発売、人気商品となったのです。

起業した先人たちの志⑤　中内功（1922〜2005）

旧ダイエーの創業者、中内功は、戦時中、フィリピンに出征しました。そこでの戦闘で敵の手榴弾を受けた中内は、その瞬間、実家の裸電球の下で家族そろってすき焼きを食べている風景が頭に浮かんだといいます。

「腹いっぱいすき焼きが食べたい」、その思いで中内はスーパーマーケットについて勉強し、1957年に主婦の店ダイエーを創業しました。「よい品をどんどん安く　より豊かな社会を」目指したのです。

現在は、これらの先人の時代よりもはるかに豊かになり、彼らのような大望を抱きにくくなっている、という人がいます。しかし、それは違います。

世の中は、昔よりはるかにジャンルは広くなり、複雑化し、変化のスピードも加速しています。それにつれて、顧客も、ビジネスの対象も奥行きも拡大しています。ある意味、ビジネスチャンスの可能性は広がっているかもしれません。

いつの時代も、大事なのは「夢」「志」を大きく持つことではないでしょうか。

03 外部環境分析・自社分析

起業するにあたっては、まず世の中（外部環境：自社ではコントロールできない要因）を調査分析し、自分の起業計画と対比・検証することが必要です。

外部環境分析はマクロ・ミクロの両面から行います。左ページの表にあるように、マクロ分析では、政治・経済・社会・技術等の観点から、その変化が自社に与える影響と、その対応策を検討するものです。マクロな情報は、インターネットを利用して総務省など行政が発表している情報をとったり、講演会や展示会に足を運ぶことで入手できます。ミクロ分析では、市場の変化が自社に与える影響と、対応策を検討します。特に顧客の動向や仕入先の動向は、よく調べる必要があります。

外部環境分析と並行して、自社の分析も行ないます。自社の商品の特性・成長性・収益性、自社の開発力・生産力・営業力、また物流の現状などを、冷静に、顧客の立場にも立って分析し、問題点を洗い出してください。この、自社分析で抽出された課題とその解決策は、事業計画の中にも盛り込んでいくことが必要です。

外部環境分析

◆マクロ分析

	項目	現状	今後の動向	チャンス	脅威
政経	・法と規制 ・政策 ・個人消費	法改正・規制緩和	規制緩和加速	顧客数はさらに拡大	ビジネスモデル変更
社会	・生活スタイル ・消費スタイル ・人口動態	団塊の世代が市場に参入	豊かな高齢者増加	顧客の質も向上	同業者参入
技術	・新技術 ・新素材 ・新システム	ブロードバンド	eラーニング加速	業界にとって追い風	現技術の陳腐化

◆ミクロ分析

顧客	◎顧客の動向 ・新製品 ・代替商品	顧客数拡大	中年・若年層に拡大	他業務とシナジー効果	現顧客の離脱
仕入・生産	◎仕入先動向 ・業界構造 ・原材料・技術	仕入先が狭い	仕入先再編	他業務とシナジー効果	現ノウハウの陳腐化
販売	◎チャネル ・競合他社 ・物流 ・販促手法	拡大方向	価格低廉化	PR効果につながる	価格競争に突入

04 STP

外部環境分析の一環として「誰に？　何を？　どう売る？」を計画する出発点がＳＴＰです。

◎ Segmentation（セグメンテーション）＝「市場細分化」
◎ Targeting（ターゲティング）＝「標的市場の選定」
◎ Positioning（ポジショニング）＝「商品のポジション（強み）の明確化」

まずは、「Ｓ」と「Ｔ」（市場細分化・標的市場の選定）を行い、絞り込んだ顧客に、自社の商品のポジション（強み）をどうＰＲするかを考えます。

◇セグメンテーション

セグメンテーションとは、どういう顧客が自分の商品やサービスを欲しがるか、考えられるすべての顧客を列記し、市場を同質のニーズを持つグループ＝セグメントに細分化す

市場を細分化してみるセグメーション

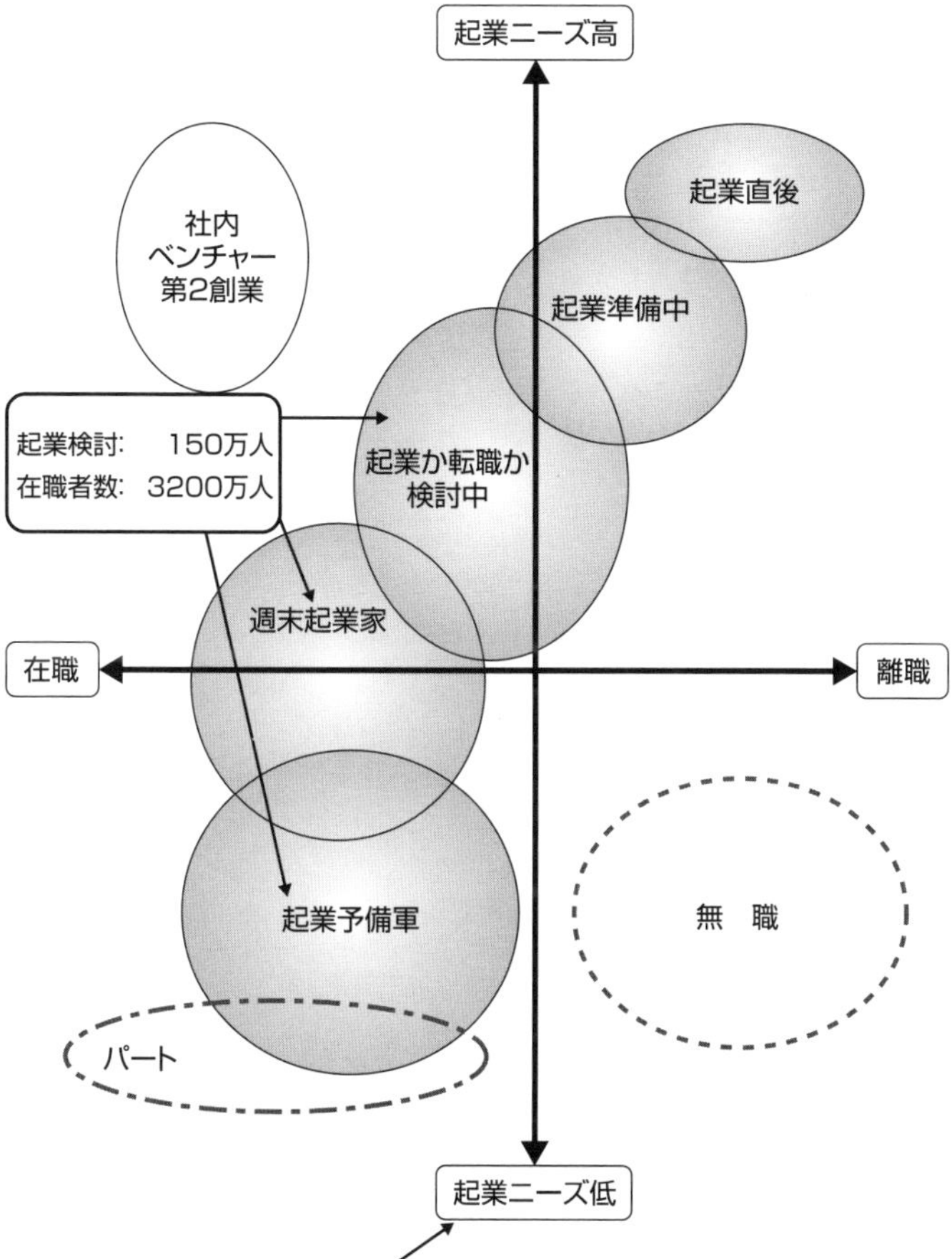

市場の特徴を表現する要素の例:
消費財:職業、居住地区、家族、人数、年齢、性別、収入、ニーズ、ライフスタイル、など
生産財:事業規模、購入ロット、エリア、購入頻度、購入品質、購入パターン、など

ることです。X軸・Y軸の2軸をとって、それぞれに項目を立てます。その座標によって市場を細分化し、どこにどんな顧客がいるのかを調べます。

例えば「起業支援ビジネス」であれば、X軸に「在職」「離職」を、Y軸に起業志望の「高」「低」をおき、どの位置に顧客がどれくらいの規模、人数がいるかを見ます（例えば、左の図のように、起業予備軍＝3200万人、週末起業家＝50万人、起業準備中の人＝150万人、起業済みの人＝200万人　という具合にセグメンテーションできます）。

そして、それぞれのセグメントごとに、職業・居住地区・家族・人数・年齢・性別・収入・ニーズ・ライフスタイルなどを、明らかにしていくのです。

さらに、各セグメントの顧客が、自社の商品・サービスを買うとすれば、それによって得られるであろう恩恵も想定していきます。

このようなマトリックス図を多方面から複数作り、検証することによって、計画の裏づけとなる情報が増していきます。

◎ターゲティング

セグメンテーションを行ったら、次は、どのセグメントを販売の標的にするか、セグメントの絞り込み・標的市場の選定を行います。これを「ターゲティング」といいます。

ターゲティング

セグメンテーション 市場細分化 ← 市場をセグメントに細かく切る

ターゲティング 標的市場の選定 ← どのセグメントを標的にするか

◆ターゲティング例:起業支援ビジネスの場合

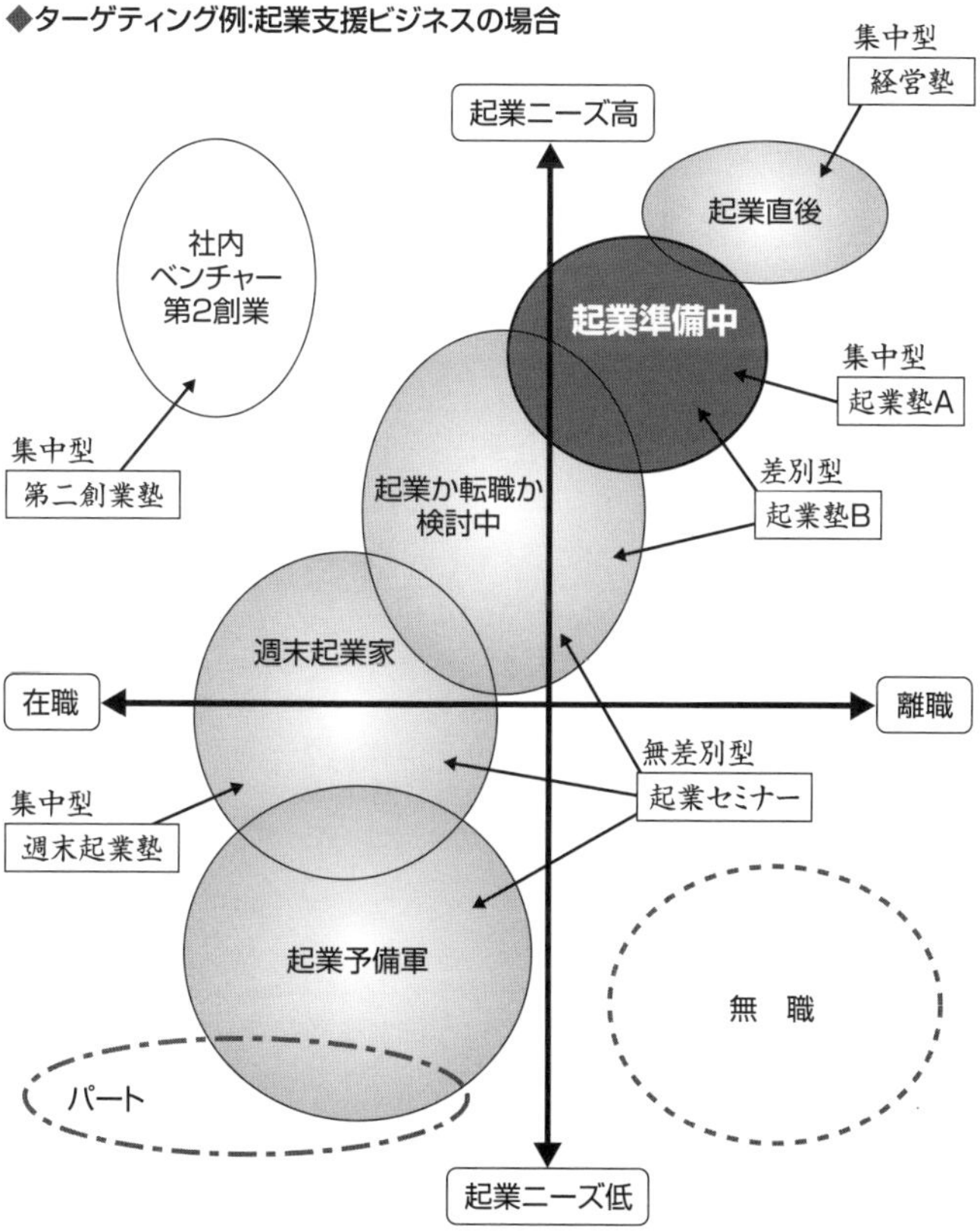

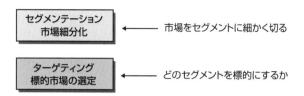

標的市場の選定方法には、いくつかのタイプがあります。ここでは次の3分類で述べます。

❶集中型

1つ、ないし少数のセグメントに標的を絞り、1つの販促策を集中投入する。

例えば起業支援ビジネスであれば、第二創業支援に顧客を絞った「第二創業セミナー」、週末起業家育成を目指す「週末起業セミナー」などがこの集中型に該当します。

❷差別型

複数のセグメントを標的にし、それぞれに別々の販促策を投入する。

類似の複数商品を販売しようとする計画の場合はこの形が考えられます。ただ、戦力が分散しないよう、自社の実力・資源をよく見極める必要があります。

❸無差別型

各セグメントに共通する特性に着目し、全セグメントを単一のターゲットとして捉え、販促策を投入する。

ただし、これは大手の戦略であって、弱者があれこれ多くを狙うと、「あぶはち捕らず」に終わるおそれがあります。

多くの人がつい標的市場を広く設定しがちですが、資源の乏しい起業家（弱者）は、最初は標的市場を絞り込むのが賢明です。特に、自社に「収益をもたらす顧客」を標的にすることが大事です。魚のいないところで釣りをしても、とても釣果《ちょうか》は期待できません。

個人か、法人か？　個人なら、男性か、女性か？　男性なら、社会人か、学生か？

◎ポジショニング

絞り込んだ顧客に、どのような商品・サービスを提供すれば歓迎されるのか、自社の商品の強み・勝てる領域をデザインしていくのが「ポジショニング」です。

ポジション（強み）を明確にするとは、すなわち商品力を磨いていくことでもあります。多くの競合商品の中で、顧客がなぜ自社の商品を買ってくれるのかを明確にしていきます。

ターゲット顧客に感触を聞いて、案を練り直し、また聞いて、さらに案を練り直す。この積み重ねで、自社の強みを活かした商品・サービスを創りあげていくといいでしょう。

大手企業の中では、洗濯機で「節水」をキャッチコピーにして販売を伸ばしたポジショニング例があります。食器洗い機で「洗浄力」を謳って成功した好例もあります。大手企業は、このようにマーケティングの基本を踏まえて、商品を出していますから、起業家は、それらとは一線を画した「味のある」マーケティング計画を作る必要があります。

自社の勝ち位置を決定するポジショニング

◆ポジショニング例:起業支援ビジネスの場合

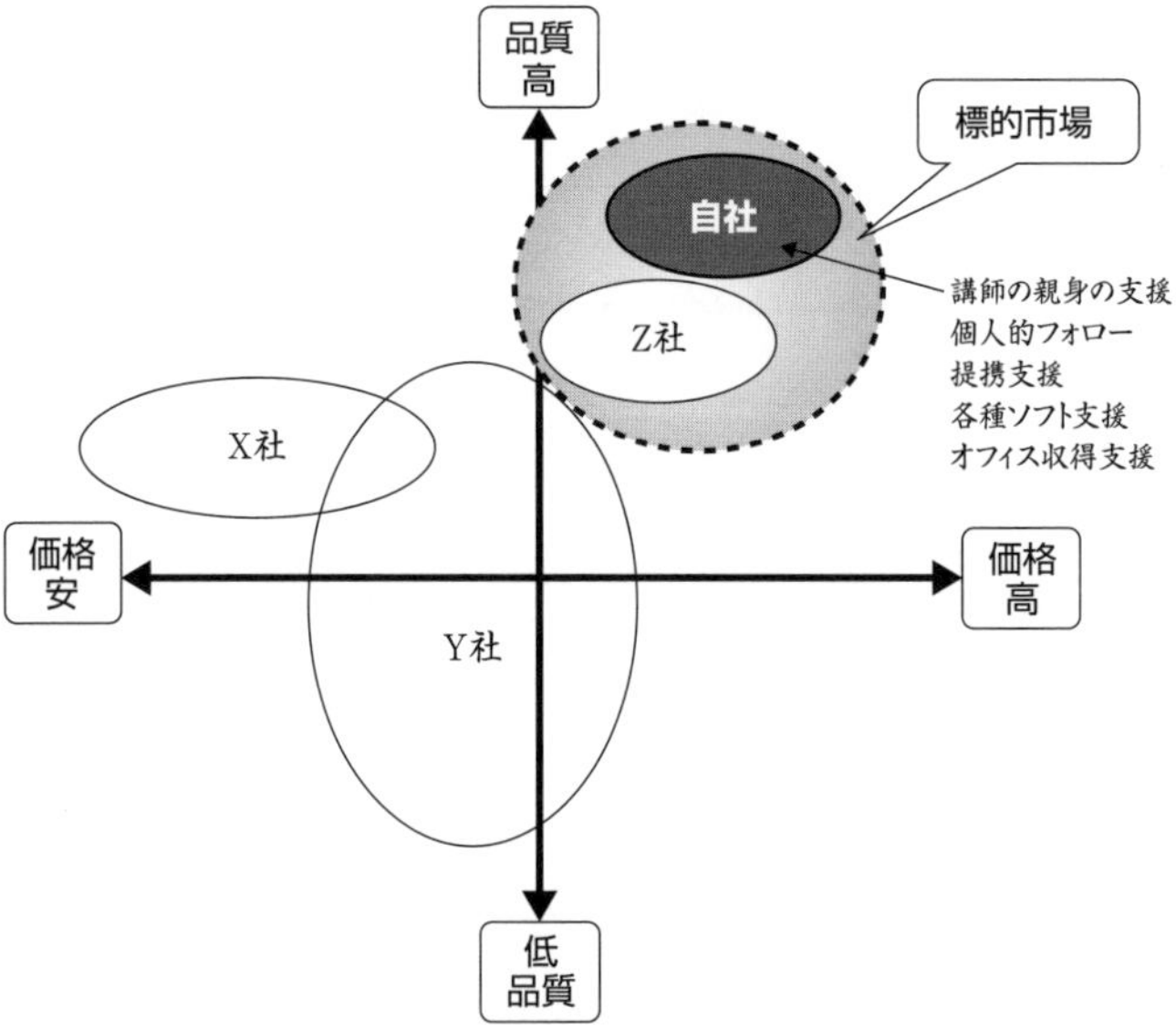

自社商品・サービス勝ち位置決定策

商品名

	セグメント	ターゲット顧客	ポジション(強み)	弱み
自社	地元 近郊	退職、退職間近 中高年	親身の支援 個人的フォロー	ブランドがない
他社X	全国	若年 中年	ブランドあり	実支援不足
他社Y	地元	すべて	ブランドあり	フォロー不足
他社Z	首都圏	退職、退職間近 中高年	ブランドあり	高価

05 SWOT分析

SWOT分析は1920年代からハーバードビジネススクールで使われている手法で、

◎〔内的要因〕：
①強み（Strengths）＝顧客の感動を呼べる強み・コアコンピタンス。
②弱み（Weaknesses）＝目標達成の障害となる特質。
◎〔外的要因〕：
③機会（Opportunities）＝有利に戦える市場。
④脅威（Threats）＝参入を阻む壁・難局。

の4側面から、事業を実現する機会はあるか、それをかなえる内部資源は揃っているか、を分析・検討するものです。

内的要因としては、人材、財務、製造力などのほか、後述するマーケティングの4P（Production：商品、Price：価格、Promotion：販売促進、Place：立地・物流）などが考えられます。

外的要因には、マクロ経済・技術革新・法令・社会環境・文化の変化等が含まれます。

左の図は、起業のテキストなどでよく例に挙げられる「かつらＷｉｔｈ」社の例です。

同社は、大手の寡占状態にあるかつら業界に、ネット販売という新商法で参入しました。大手のアフターサービスの悪さや価格の高さに不満を持つ消費者を、メールによるきめ細かなサービスで取り込み、クチコミなどで評判を得て、徐々に売上を伸ばしています。

この分析する過程で確認できた自社の強みをさらに強化し、磨いて、他社に負けない競争優位性を維持・拡大していきます。

SWOT分析　かつらwithの例

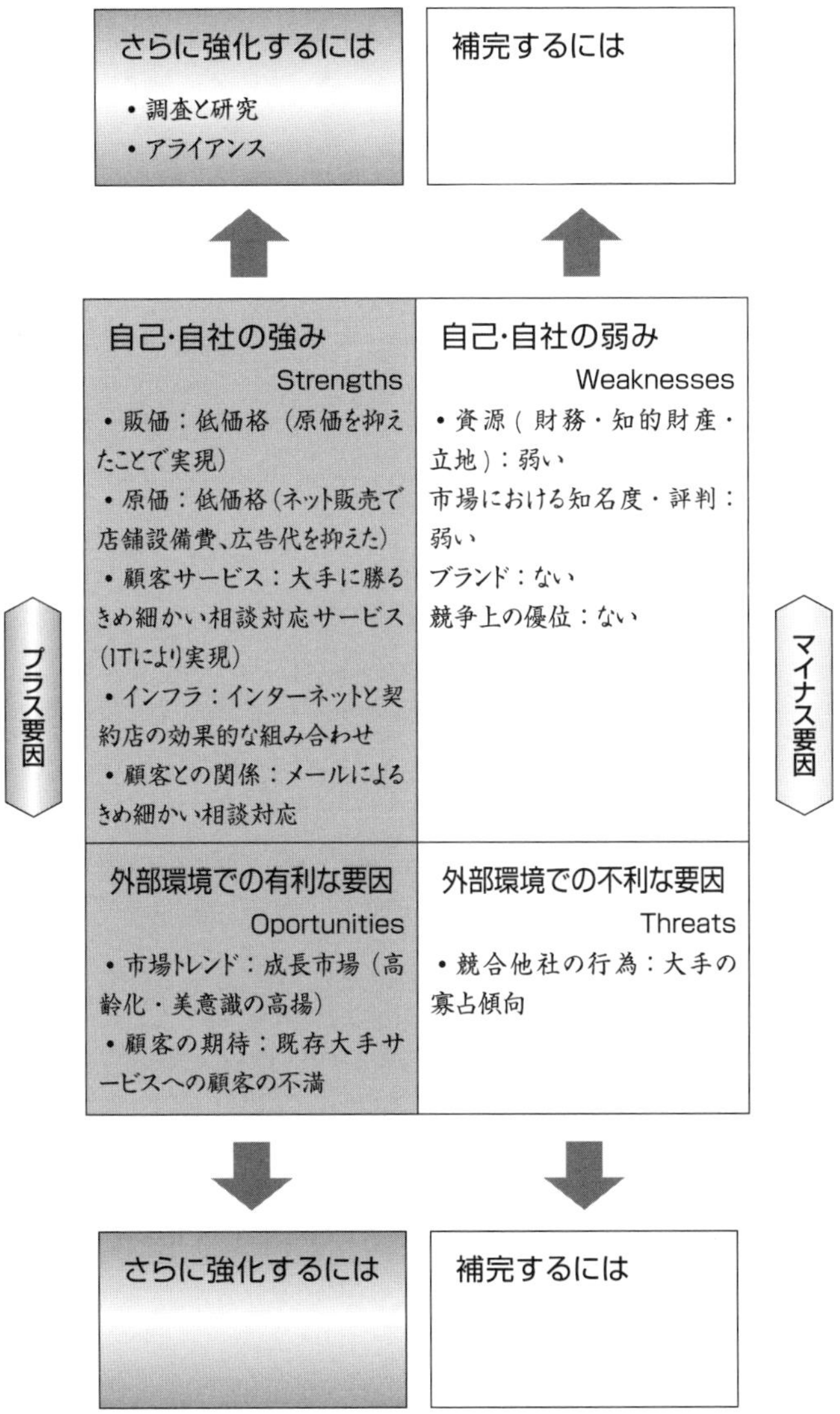

さらに強化するには
・調査と研究
・アライアンス
補完するには
自己・自社の強み
Strengths
・販価：低価格（原価を抑えたことで実現）
・原価：低価格（ネット販売で店舗設備費、広告代を抑えた）
・顧客サービス：大手に勝るきめ細かい相談対応サービス（ITにより実現）
・インフラ：インターネットと契約店の効果的な組み合わせ
・顧客との関係：メールによるきめ細かい相談対応
自己・自社の弱み
Weaknesses
・資源（財務・知的財産・立地）：弱い
市場における知名度・評判：弱い
ブランド：ない
競争上の優位：ない
プラス要因
マイナス要因
外部環境での有利な要因
Oportunities
・市場トレンド：成長市場（高齢化・美意識の高揚）
・顧客の期待：既存大手サービスへの顧客の不満
外部環境での不利な要因
Threats
・競合他社の行為：大手の寡占傾向
さらに強化するには
補完するには

06 事業が成功するカギは何か

事業計画作成の過程で重要なステップのひとつに、事業成功の鍵（Key Factors for Success＝ＫＦＳ）の検討があります。

まず、外部環境分析・自社分析などから、起業しようとしている事業の特性を把握します。事業活動を、開発・資材調達・生産・技術・販売・サービスといった個別の活動に分解し、どの活動を特に重点的に強化・攻略すればよいかを競合他社との比較のうえで見定めるのです。この過程で、顧客がどんなことを欲しているのかも、みえてきます。それは、業種・業態により、また競合状況によって様々です。例えば、食料品であれば「味」がＫＦＳになるでしょう。ＩＴであれば「技術力」が、１００円ショップであれば「コスト低減」が、高級品であれば「ブランド力」や「イメージ」がＫＦＳになります。これら攻略すべき重点項目の抽出は、後述する「マーケティングの４Ｐ」（商品・価格・流通・販促）の各項目と（例）のように一体化して計画すると、ＫＦＳなるものが理解しやすくなります。

（例） 商品（新規性・技術・品質・味・サービス・スピード）、価格（低価格or高価格）、

事業成功要因（KFS）分析

商品：　　　　　　　顧客セグメント：

◆外部環境分析（マクロ分析）

	環境要因	今後の動向	チャンス
政経	・法と規制 ・金融政策	規制緩和加速	顧客数はさらに拡大
社会	・生活スタイル ・消費スタイル	豊かな高齢者増加	顧客の質も向上
技術	・新技術 ・新システム	eラーニング加速	業界にとって追風

業界における事業成功要因
動画像・音声・双方向通信の技術を駆使した新しい形の起業セミナーの開講

◆外部環境分析（ミクロ分析）

顧客	・顧客の動向 ・新商品	中年・若年層に拡大	他業務とシナジー効果
生産	・仕入先動向 ・原材料・技術	仕入先再編	他業務とシナジー効果
販売	・競合他社 ・物流	価格低廉化	PR効果につながる

◆自社分析

	項　目	今後の動向	自社の強み
商品	・特性 ・成長性	最高機能追加	他商品とシナジー効果
開発	・技術 ・システム	特色加味	協力先豊富
生産	・技術 ・システム	技術面の特色加味	これまでの技術蓄積
営業	・販売策 ・システム	競争さらに激化	他商品とシナジー効果
物流	・技術 ・システム	関東全域に拡大	交通の便に恵まれる
組織	・人材	人材強化	他業務と連携が可能
財務	・資金 ・経費	黒字化	他商品とシナジー効果

自社の事業成功要因	ギャップ	将来へ向けての解決策
従来商品に加え動画像・音声・双方向通信の技術を駆使した新しい形の起業セミナーを商品化する。	新技術のノウハウ不足 資金不足 体制不足	自社資源の強化及び不足部分の外部とのアライアンス

流通（法人 or 個人、国内 or 海外）、販促（広告・パブリッシング・人的販売・ホームページ）。

これまでに抽出したＫＦＳと、自社分析・ＳＷＯＴ分析の結果わかった自社の持てる資源とのギャップを把握し、そのギャップをどうしたら埋められるかを検討します。自社資源の強化や不足部分の外部とのアライアンスなどが、解決策として考えられます。必要なら顧客セグメントのさらなる細分化、ターゲット顧客の絞り込み、投入する資源の集中化などの追加検討を行います。扱う商品が多い場合には、このようなＫＦＳの抽出とギャップの分析、解決策の検討を、商品ごと、顧客セグメントごとに行う必要があります。

これまでに実施してきたＳＴＰやＳＷＯＴ分析、そして、ＫＦＳの検討などが、そのまま以降の事業計画の骨格となっていきます。

07 企業理念・ビジョンを明確化する

◇企業理念の明確化

自分の「夢」と「強み」がうまく重なり合うような、そんなうまいビジネスが見つかれば、それは「天職！」であり、そのような仕事であれば起業しても成功する確率が高くなります。「自分の強みを活かし、世のため人のためになることをしよう！」という「志」、そして、その思いを実現するために行った「ＳＴＰ」や「ＳＷＯＴ分析」の結果も踏まえながら、ビジネスの形に表現していくと、それが「企業理念」として形を成してきます。

企業理念は会社スタート時から存在するべき不変の掟です。企業の存在意義・経営姿勢・行動規範などを規定した企業理念を名刺にも印刷して、強い想いを顧客に伝えている会社さんもあります。その良し悪しが企業の行く末を決めるといっても過言ではありません。安易に法令違反を犯す会社の企業理念をみると、一様に何か大切なものが欠けていることがわかります。ここでは、良い企業理念の例として、３つのタイプに整理します。

❶企業の使命・存在意義（社会に提供する価値）……「いつでも、どこでも、だれでも着られる、ファッション性のある高品質なベイシックカジュアルを市場最低価格で継続的に提供する」（ユニクロ）

❷経営姿勢（経営上重視すること）……「内外の法およびその精神を遵守し、オープンでフェアな企業活動を通じて、国際社会から信頼される企業市民をめざす」「クリーンで安全な商品の提供を使命とし、あらゆる企業活動を通じて、住みよい地球と豊かな社会づくりに取り組む」（トヨタ）

❸行動規範（企業風土）……「労使相互信頼・責任を基本に、個人と創造力とチームワークの強みを最大限に高める企業風土をつくる」（トヨタ）、「世界水準の人が喜んで働ける環境を提供し、官僚的でなく、血のかよったチームとして革新的な仕事をする」（ユニクロ）

◇ビジョンを描く

企業理念が企業の使命・経営姿勢・行動規範といった原理・信条を表すのに対し、「ビジョン」は、自社の向こう5～10年の「ありたい姿」を、人・物・金などの具体的な要素を織り込んで表現したものです。企業理念で定められたキーコンセプトを織り込んで、事

企業理念・長期ビジョン

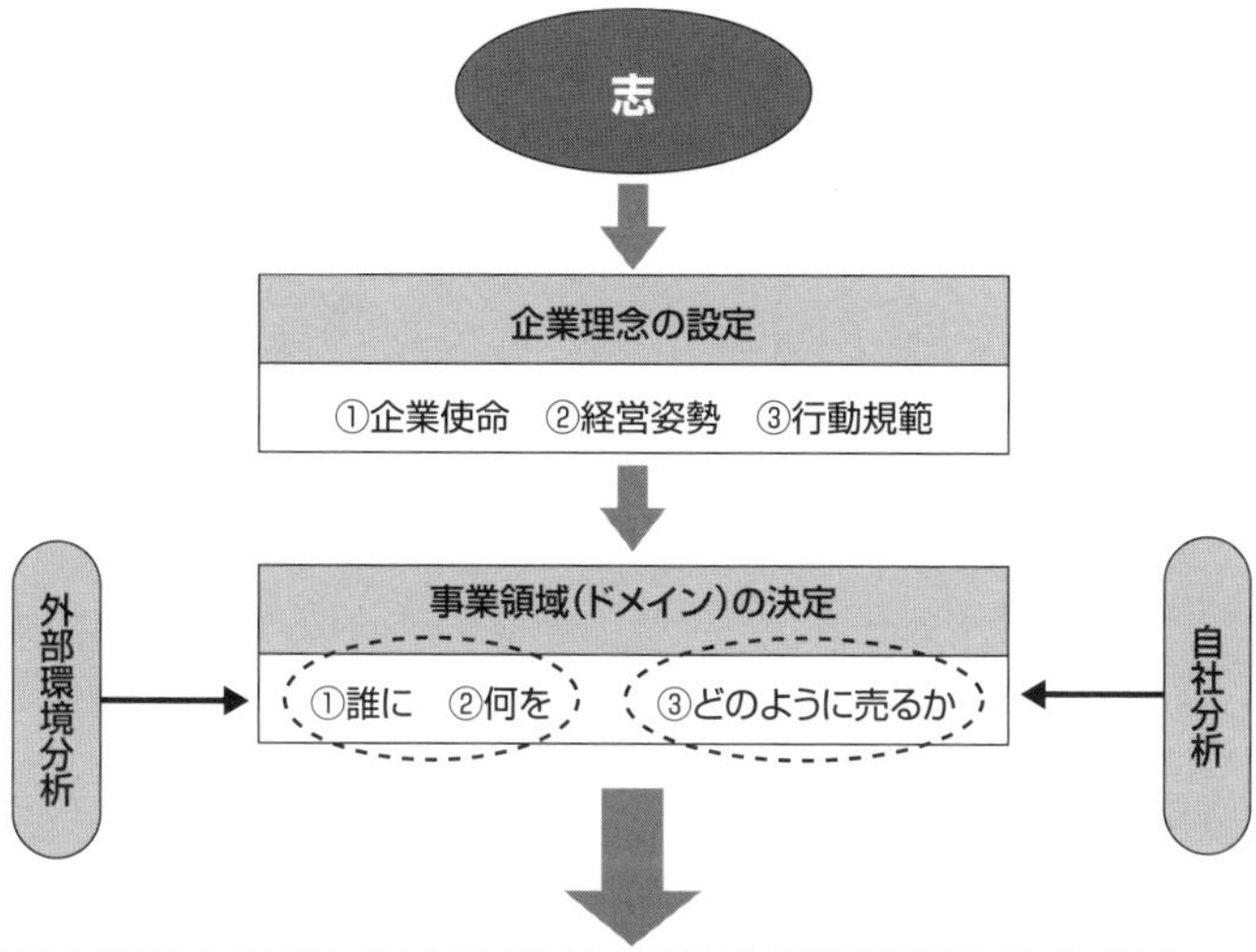

長期ビジョン		
①企業文化ビジョン	②事業構造ビジョン	③経営機能ビジョン
・顧客満足度をすべてに優先する経営 ・すべての業務や意思決定において、スピードを重視する ・フラットでオープンな組織を実現し社内の透明性を高める ・官僚的でなく、血のかよったチームとして革新的な仕事をする	・当初の3年間は○○事業を柱とする ・売上高を毎年10%ずつアップする ・販売費・一般管理費を業界最低水準に抑える ・設備投資額を毎年の経常利益額以内に抑える	・従業員の人員整理は行わない ・営業体制の質の向上を最優先課題とする ・業界トップレベルのシステム構築を図る

業の方向を具体的に表現します。作成するにあたっては、類似の業種・業態の企業のホームページやアニュアルレポートなどを参考にするのも一法です。特にこれでなければいけないというものではありませんが、ここでは次の3つの観点で整理します。

❶企業文化……起業家の「志」や「企業理念」を受けて、どのような社風の企業にするのかを明確にしていきます。「顧客重視」「スピード」「オープン」などのキーワードがよく使われます。カリスマ社長が社員を統率する企業もあります。体育会系の元気な会社もあります。毎年、ホノルルマラソンに社員全員が出走することで頑張っている会社もあります。

❷事業構造……企業理念・事業領域（後述）などを踏まえ、事業の構成・商品・市場・顧客などを定義します。成長する企業とは、3年間で売上をいくらにする、利益をいくらにする、といったビジョンを掲げて達成していく企業です。売上目標は、外部環境分析、セグメンテーション、ターゲティング、ポジショニング、SWOT分析などの結果を反映した、達成可能な目標である必要があります。

❸経営機能……役員や従業員の体制、開発・資材・生産体制、営業体制、システムなどのあるべき姿を表現します。

08 事業領域（ドメイン）を決める

P・F・ドラッカーは、「企業がドメインを定義するのは簡単なようで難しいが、企業が成功するための最大のポイントは、ドメインを明確にすることにある」と言います。ドメイン（domain）は分野・領域・範囲などの意味を持っており、企業・事業・プロジェクトなどの目指すべき方向・分野・領域を、短いフレーズで端的に表現したものです。「誰に、何を、どのように」提供するかを示したものです。

誰に

企業理念、STP、SWOT分析などから浮かびあがってきたキーコンセプトをもとに、自社の顧客を定義します。

法人対象のBtoB型か、個人に売るBtoC型か、さらにはBtoBtoC型かなどによっても、顧客の定義は様々に異なります。

BtoB型でも、ターゲットを役所とするか、民間企業とするか、大企業とするか、中小企業とするか、などでも顧客の定義は異なってきます。BtoC型でも、年齢、性別など、

事業領域（ドメイン）

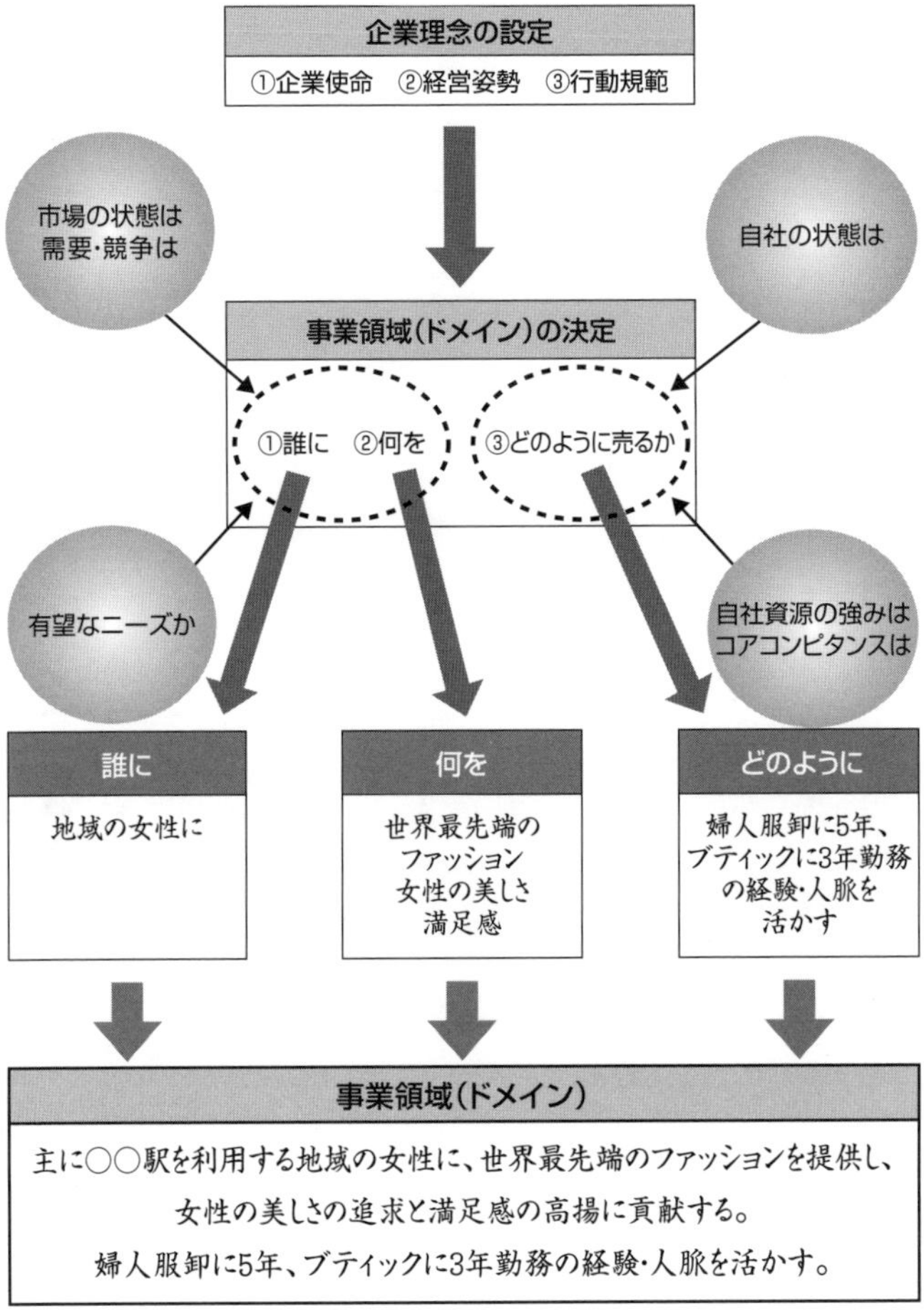
企業理念の設定
①企業使命　②経営姿勢　③行動規範
市場の状態は
需要・競争は
自社の状態は
事業領域(ドメイン)の決定
①誰に　②何を
③どのように売るか
有望なニーズか
自社資源の強みは
コアコンピタンスは
誰に
地域の女性に
何を
世界最先端の
ファッション
女性の美しさ
満足感
どのように
婦人服卸に5年、
ブティックに3年勤務
の経験・人脈を
活かす
事業領域(ドメイン)
主に○○駅を利用する地域の女性に、世界最先端のファッションを提供し、
女性の美しさの追求と満足感の高揚に貢献する。
婦人服卸に5年、ブティックに3年勤務の経験・人脈を活かす。

狙いどころは様々です。しかも、個人は、年齢を重ねるごとに、家族構成、趣味、収入、健康、考え方などが様々に変化することを前提に顧客を定義する必要があります。

個人客は、商品への関心も変わりやすく、その購買動向を追い求めることはかなり大変です。GM・フォード・クライスラーはかつての勢いを失いました。一体何が起こっていたのでしょうか。そう、顧客が変わったのです。「顧客は突然いなくなる」のです。

何を

外部環境分析、STPなどの結果をもとに、顧客にどのような「価値」を提供するのかを定義します。

どのように

これまでの自社分析などの結果をもとに、自社の独自能力・技術を活かして、顧客にどのように価値を提供するのかを決めていきます。

ドメインを定義するときは、その広さ・幅に留意する必要があります。ドメインを広く定義しすぎると、経営の方向が分散してまとまらなくなる危険があります。一方、狭く定義しすぎると、活動が限定されて発展が妨げられることになりかねません。広すぎず狭すぎずがポイントなのです。

1960年、T・レビット教授は「マーケティング・マイオピア」論を表明しています。マイオピアとは近視眼という意味です。それまでの企業で支配的な考えであったモノづくり絶対主義をやめて、顧客満足追求を目的とするマーケティングを中心に企業は活動すべきであるという主張でした。

例えば、米国の鉄道会社の多くは、自らを「鉄道屋」と定義し、ハリウッドの映画会社は自社を「映画会社」であると規定していました。結果、ハイウェイの登場やテレビの進出の意味を理解せず、瓦解してしまいました。これがレビットのいう「近視眼的」マーケティングなのです。鉄道屋ではなく「移動産業」であり、映画会社ではなく「娯楽提供産業」であるとドメインを設定していれば、新たな時代に対応した戦略を発見できたはずだというのです。

レブロンは「工場では口紅をつくる。広告では希望を売る。（In our factory, we make lipstick. In our advertising, we sell hope.）」として、女性のハートを捕えました。セコムは自らを「警備会社」ではなく「社会システム提供企業」と規定し、新しい事業形態を次々と開発しています。

成功している起業家は、企業理念を練り、ドメインを明確にして、それをホームページなどを通して、明確に発信しています。

STEP 2

事業計画＝マーケティング計画

STORY 2 起業を成功させるためには起業前にお客さんを探しなさい

ずん
ずん
STORY 2
起業を成功させるためには
起業前にお客さんを探しなさい
ずん
ずん
ずん
ずん
ずん…
おじさんがみつからない…
こんなに毎日歩いているのに…
あわよくば先日作成した事業領域とか見てもらおうと思ったんだけど…

ズル
…もしかして
痩せたかな?
このところ
暇さえあれば
歩き回って
たからなぁ
よしよし
ちょっと
寄り道して
ドーナツ
食べて
帰ろうっと
ずん
ずん
ほっ
ほっ
ずん
ずん
ほっ
ほっ
ほっ
ぴた

お…おじさん!!
ダッ
やぁ君じゃないか
あ…会いたかったです!!
この日を何度夢にみたことか!!
そこまで
ガバッ
先日伺ったお話なんですけど自分なりにこういう風にまとめてみて…
ほうほう?
持ち歩いている
バサ
…なるほどよく頑張ったね
なかなかガッツがある
ガッツというか後がないので…

それでこれどう思われますか？
ご意見伺いたいんですが
厚かましくてすみません…
うんおおよそ良いと思うんだけど…
これお客さんはいるの？
市場のターゲティングのことですか？
それはここに…
いや　具体的に君のビジネスに現状お客さんはついてるのか？ってこと
それは…ついてませんよだってこれからやることですから
これからお客さんをつけるつもりですが…
う〜〜ん…本当はね
起業する前にお客さんは掴んでおくべきなんだ

起業する前にお客さん…⁉
話が逆転してませんか⁉
例えば週末起業から始めるとかね
安定した収入のあるうちに無理のない範囲でビジネスを試してお客さんの反応をみたり改善を加えたり
将来顧客となる人たちを確保してから起業するのがベストな順序だ
顧客だけでなく協力者・賛同者が何人いるかも重要だよ
起業は絶対に一人じゃできないからね
いい協力者や支援者が多くいるほど事業の成功確率は高まるというものだ
起業直後からしっかり黒字を確保している起業家は準備段階からすでに複数の協力者や顧客を確保しているよ

ええっ… 僕なんかもう 手遅れじゃ ないですか…！
一応アプリに ユーザーは多少 ついてますけれど…
じゃあこれから 作ろうとする 商品について 徹底的に聞きこみを してみるといい
100人だね
私の感覚だと 100人に聞いて 3割が賛同する ようだったら そのビジネスは 見込みがある
30/100
…というわけで
こないだ話した アプリのアイデアを 100人にヒアリング したいんだけど 協力してくれない？
100人 アンケート!!
やれそうで 大変そうな 微妙な人数 ですね
でも100人に 聞くだけで いいんですか？ それで 見込みなかったら どうします…？

おじさんいわく…
商品開発フェーズでよくあるのは「良いアイデアだと思ったのに先行類似品がすでにある」という状況だ
しかし類似品があるということは逆に言えばその商品のニーズが高いことを示しているとも言えるから一概に悪い状況ではない

そこで差別化を考えるんだけど
アイデアの明確化・評価・差別化の段階では前回言ったこれらを行うと有効だ
・セグメンテーション
・ターゲティング
・ポジショニング
開発プロセスとしてはこんな感じかな

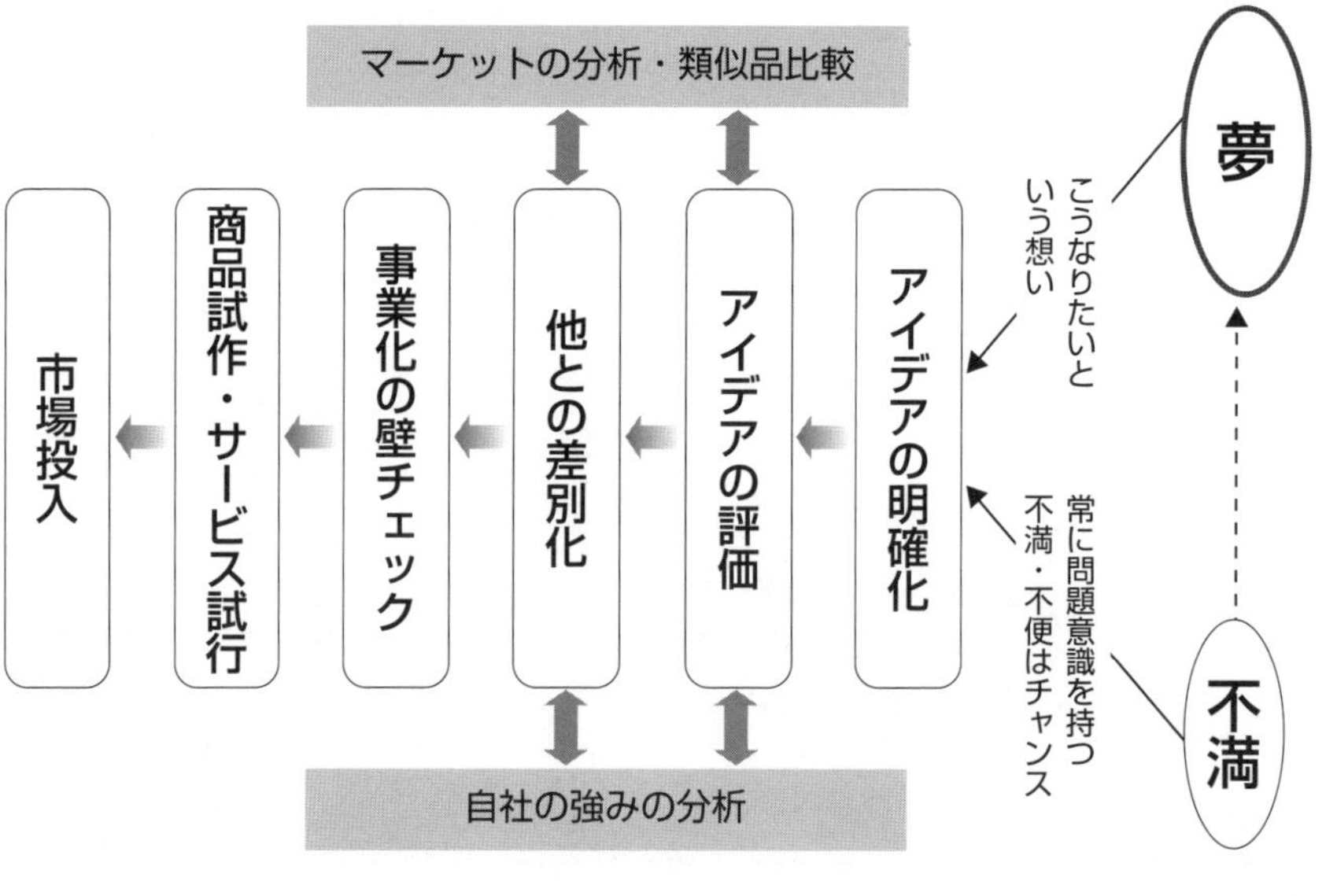
夢
こうなりたいという想い
不満
常に問題意識を持つ不満・不便はチャンス
マーケットの分析・類似品比較
アイデアの明確化
アイデアの評価
他との差別化
事業化の壁チェック
商品試作・サービス試行
市場投入
自社の強みの分析

そして せっかくできた 商品も販売 しなくては ならない
ほとんどの起業家が 一様に苦労するのが 販売だ
あ…僕も苦手です 売り込みとか…
そう 大抵 誰でもそうなんだ
何を売るか? 誰に売るか? いくらで売るか?
これらを考え 実行するのが **「マーケティング」** だね
そ…それ! 知りたいです!!
ふむ… マーケティングの4P というものを 知ってるかい?
これらの頭文字を とったものなんだ けど…
・Product(商品計画)
・Price(価格計画)
・Promotion(販促計画)
・Place(流通計画)
な… なんですか これ
ハハハ じゃあ 順に 見ていこう

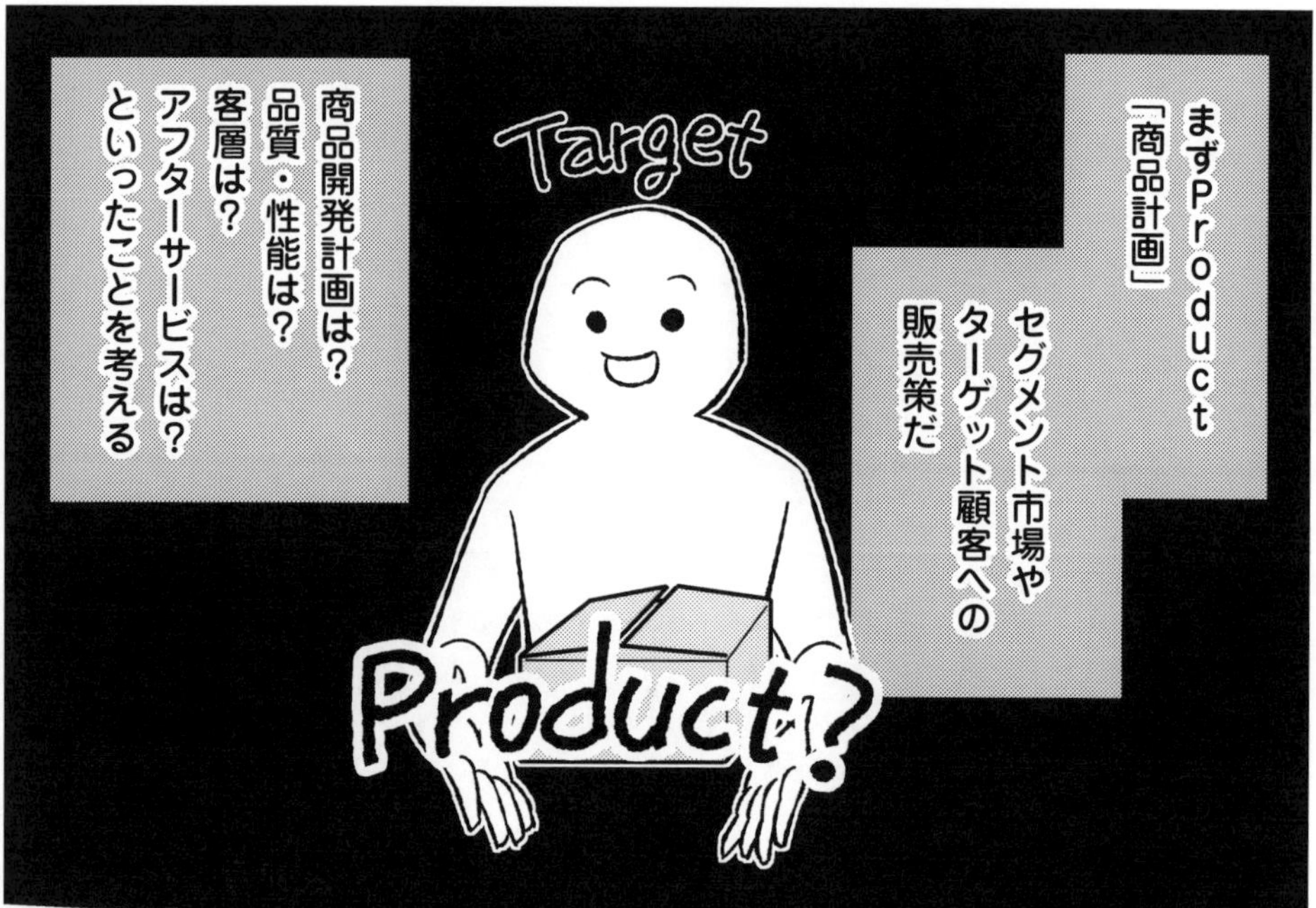
まずProduct「商品計画」
セグメント市場やターゲット顧客への販売策だ
Target
Product?
商品開発計画は？
品質・性能は？
客層は？
アフターサービスは？
といったことを考える

Price「価格計画」は安く あるいは付加価値をつけて販売する方策だ
¥10,000
Price?
¥1,000
価格設定や割引・リベート取引条件といったことを考えるよ

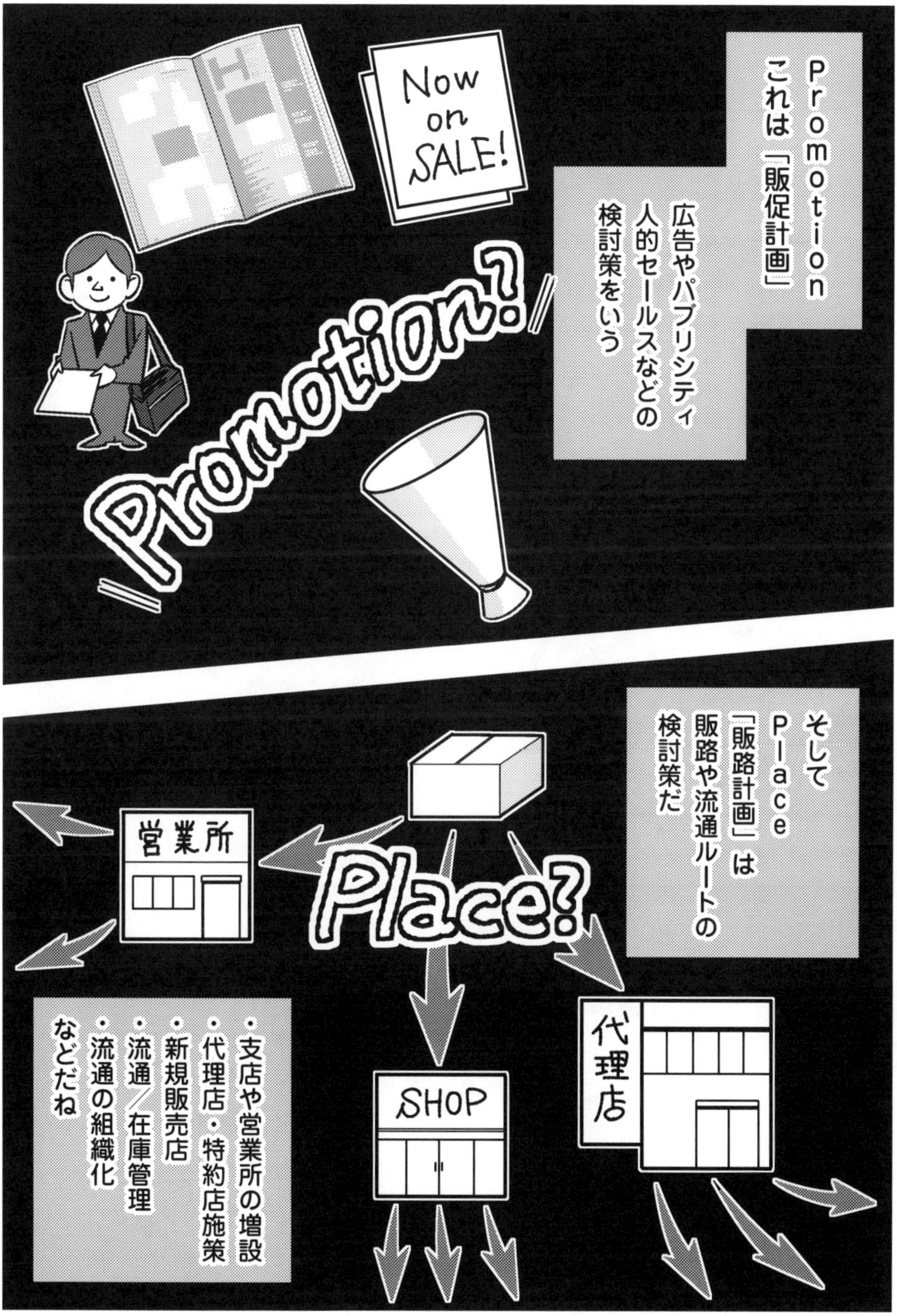
Promotion
これは「販促計画」
広告やパブリシティ
人的セールスなどの
検討策をいう
Now on SALE!
Promotion?
そして
Place
「販路計画」は
販路や流通ルートの
検討策だ
Place?
営業所
代理店
SHOP
・支店や営業所の増設
・代理店・特約店施策
・新規販売店
・流通／在庫管理
・流通の組織化
などだね

① Product：商品計画について

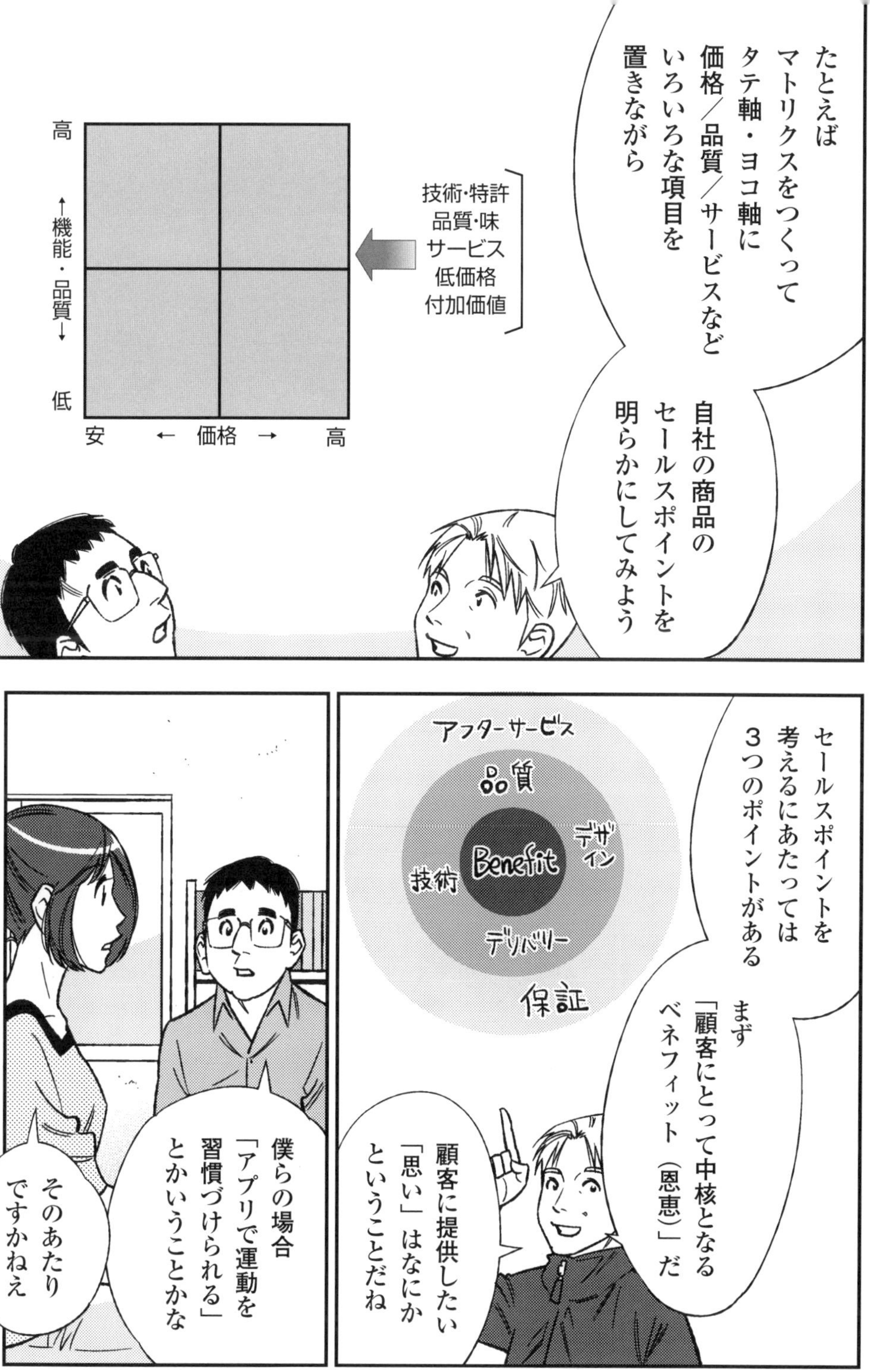
たとえば
マトリクスをつくって
タテ軸・ヨコ軸に
価格／品質／サービスなど
いろいろな項目を
置きながら
高
↑機能・品質↓
低
安 ← 価格 → 高
技術・特許
品質・味
サービス
低価格
付加価値
自社の商品の
セールスポイントを
明らかにしてみよう
セールスポイントを
考えるにあたっては
3つのポイントがある
アフターサービス
品質
デザイン
Benefit
技術
デリバリー
保証
まず
「顧客にとって中核となる
ベネフィット（恩恵）」だ
顧客に提供したい
「思い」はなにか
ということだね
僕らの場合
「アプリで運動を
習慣づけられる」
とかいうことかな
そのあたり
ですかねえ

② Price：価格計画について

1）　自社のコストに利益を加算するケース

2）　市場の類似商品価格で決定せざるを得ないケース

3）　顧客に与えるベネフィットを価格とするケース

	高価格	低価格
ブランド好き層	◎	
富裕層	○	
節約層		◎
一般層		○

一般的に低価格は大量販売ができる大手企業のやり方だけど
小規模企業が安く販売する方策もいくつかあるね
・仕入れ価格を下げる
・設備費を下げる
・仕様を工夫する
・ITを活用する（ネットで販売する）

高く売る場合も安く売る場合も原価を一円でも安くするのは価格計画の基本だ
販売価格
原価
なるほど

③ Promotion：販促計画について

これは…ようするに広告や営業ってことですよね？
うん　だいたいこの４つがある
① 広告
② パブリシティ
③ 人的販売
④ 販売促進（狭義）

①広告
新聞や雑誌チラシホームページメールマガジンなどだね
チラシをポスティングするとか
②パブリシティ
プレスリリースやインタビューなどでメディアに宣伝してもらう形だ
インタビューかぁ…苦手だな
③人的販売
これは飛び込み営業とかね
なるほど〜
④販売促進（狭義）
クチコミなどがこれにあたる
顧客が知り合いを紹介してくれたりね

……で
この4つの方法のうち
どれに重きをおくかで
プル・プッシュ戦略に分ける
見方もあるんだってさ
●プル戦略
広告・パブリシティなどで顧客を引きつける
PULL
●プッシュ戦略
販促、人的販売に重きを置き顧客に働きかける
PUSH
へえー
アプリ販売では
あまりやらない感じの
方法もありますけど
改めて見ると
いろいろありますね
この中から
事業に合って
安上がりな販促を
考えていけば
いいってことだと
思うんだ
飛び込み営業
とか考えたこと
なかったけど…
おもしろいかもね
買ってください！
できるかな

④ Place：流通計画について

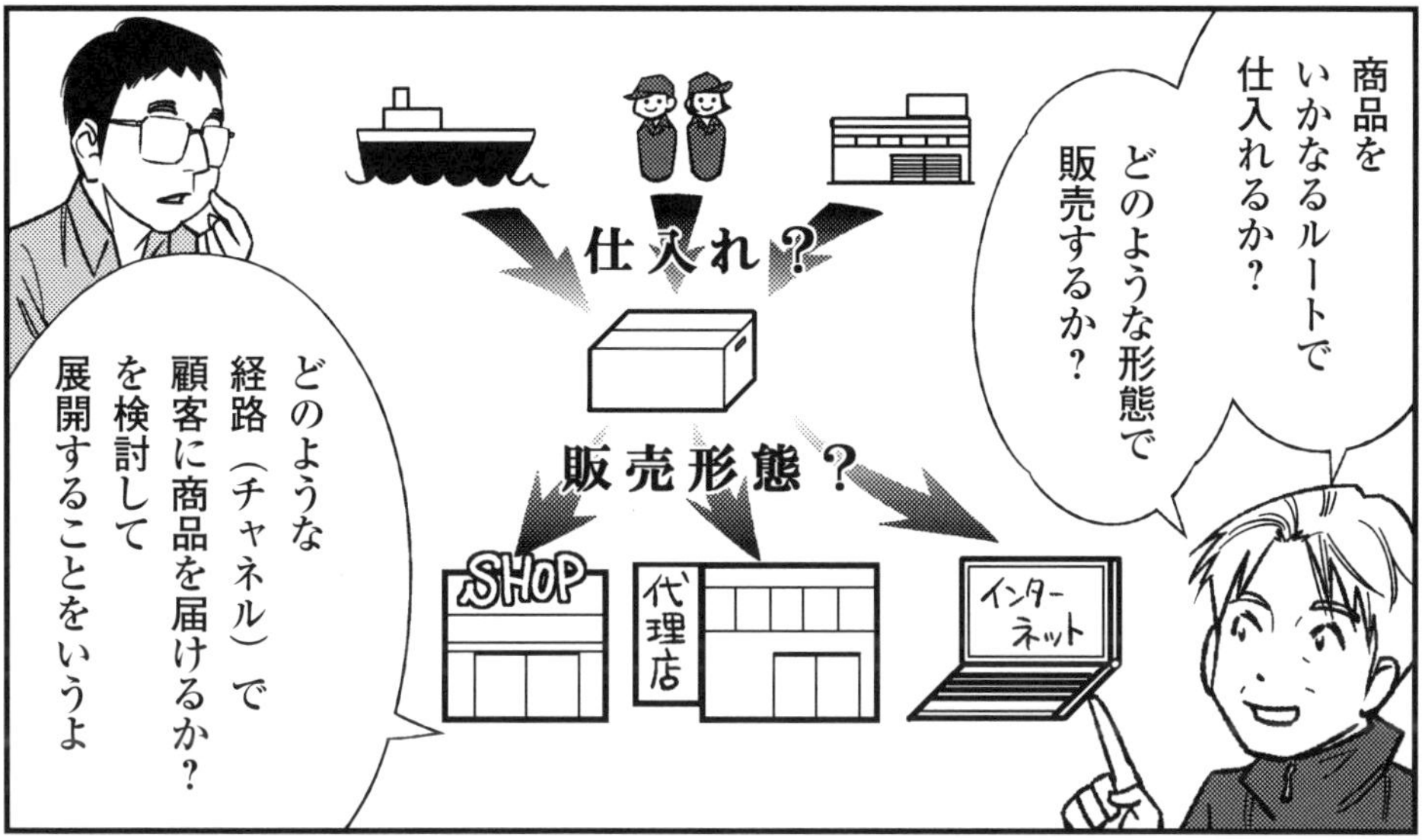

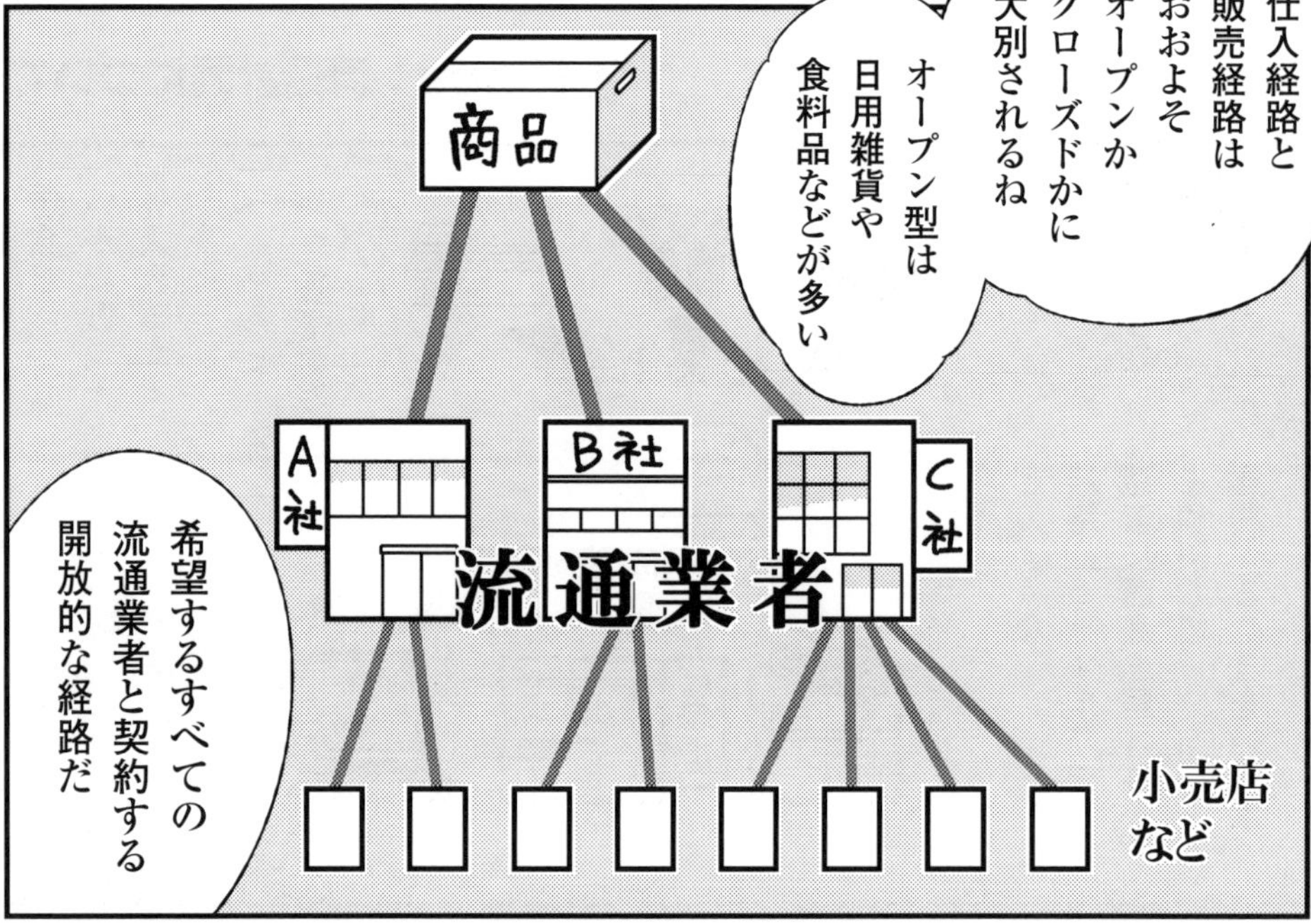
仕入経路と販売経路はおおよそオープンかクローズドかに大別されるね
オープン型は日用雑貨や食料品などが多い
商品
A社
B社
C社
流通業者
小売店など
希望するすべての流通業者と契約する開放的な経路だ

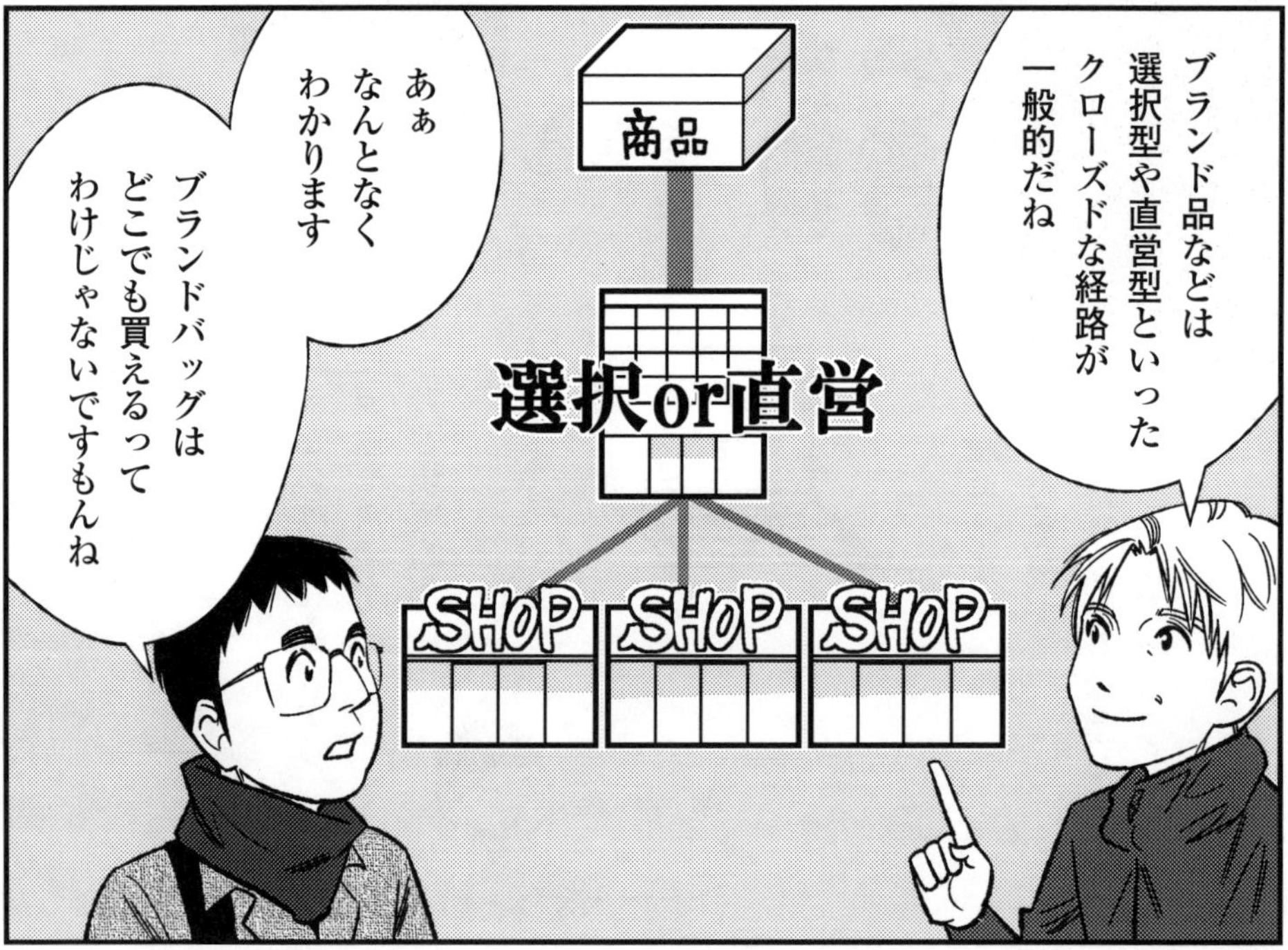
ブランド品などは選択型や直営型といったクローズドな経路が一般的だね
あぁなんとなくわかります
商品
選択or直営
SHOP
SHOP
SHOP
ブランドバッグはどこでも買えるってわけじゃないですもんね

起業時だと一般的にクローズド型は縁が薄いかな
なるほど…でも流通形態にそういう種類があるっていうのは勉強になります！
それにしてもいろいろ聞きましたね…
えへへ…なんか話が盛り上がっちゃって…
こうして理論を聞いてみると視野が広がりますね…
販売ももっと多角度から考えられる気がします
よーし！なんだかやる気がわいてきたぞ
制作すすめようっと
じゃ私はとりあえず100人アンケートやってみます
盛り上がったはいいものの現実的にはハードルが…
そうお金の問題だ

09 マーケティングの4Pについて

何事も「基本を守る、王道を行く」ことが成功の要諦です。マーケティングは、単なる市場調査・リサーチ、広告宣伝ではありません。マーケティングとは「企業および他の組織が、グローバルな視点に立ち、顧客との相互理解を得ながら、公正な競争を通じて行う市場創造のための総合的活動である」（公益社団法人日本マーケティング協会）と定義されています。もちろん、マーケティングの定義は時代とともに進化・変化していくものと考えますが、ここでは、マーケティングとは、「顧客ニーズに応える製品・サービスをつくり、顧客に受け入れられる価格をつけ、顧客への販売経路・仕入経路を開発し、顧客への販売促進策を実施していく総合的マネジメントのこと」と定義します。いずれにしても、マーケティングとは経営そのものであり、特に顧客開拓が最重要課題である起業家にとっては、事業計画＝マーケティング計画と言っても過言ではありません。

セグメンテーションやターゲティング、そしてドメイン決定でターゲット顧客がみえてきたら、その顧客に受け入れられる商品について具体的な販売戦略を立てなければなりません。これがマーケティング・ミックスの構築といわれているもので、J・マッカーシー

マーケティングの4P

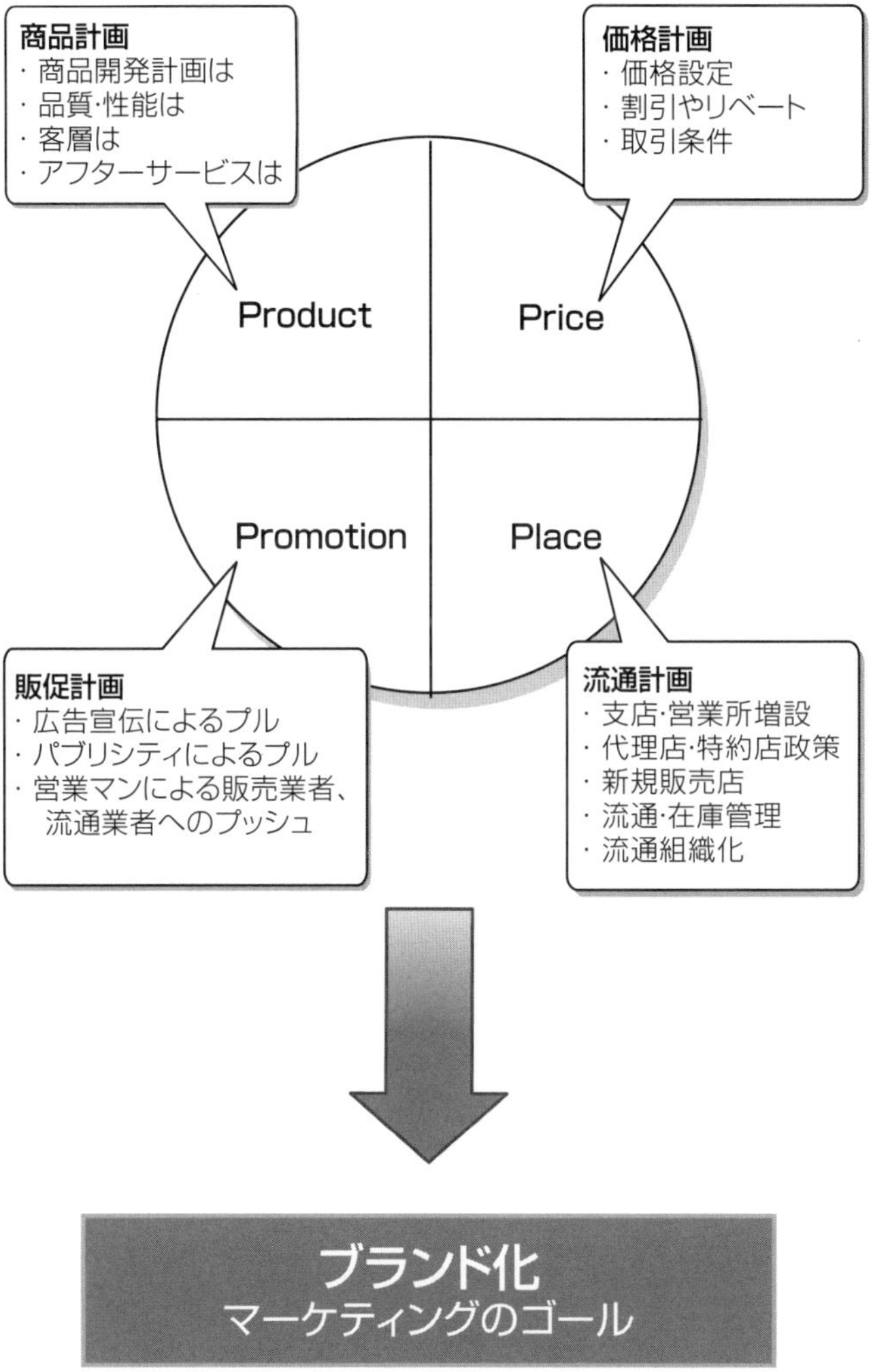
商品計画
・商品開発計画は
・品質・性能は
・客層は
・アフターサービスは
価格計画
・価格設定
・割引やリベート
・取引条件
Product
Price
Promotion
Place
販促計画
・広告宣伝によるプル
・パブリシティによるプル
・営業マンによる販売業者、流通業者へのプッシュ
流通計画
・支店・営業所増設
・代理店・特約店政策
・新規販売店
・流通・在庫管理
・流通組織化
ブランド化
マーケティングのゴール

が１９６０年に唱えた**マーケティングの４Ｐ**理論がお馴染みです。

◎①Product　＝商品・製品・サービス・生産・製造
◎②Price　＝価格
◎③Place　＝流通・経路（チャネル）・売場・場所・販売スタイル
◎④Promotion＝販促・広告

起業家にも、これらマーケティングの４Ｐを強く意識して事業計画を作ることが必要です。

10 商品計画～Product

起業成功の鍵は、何といっても「商品力」です。順調なスタートをきれるかどうかは、ユニークで優れた商品を出すことができるか否かにかかっています。競合商品にはない優位性を持った商品をどうやって開発するのか、そのための商品計画には充分すぎる時間をかける必要があります。

開発ステップは、①アイデアの具体化・評価→②類似商品との差別化・強み検討→③（許認可など）事業化の壁チェック→④試作・試行→⑤市場投入、のような順序で進められます。

当然、新規性に富んだ商品、特色のある商品が有利です。「新規性」は、いろいろな側面（新材料・新要素／新製法／新商法・新ビジネス／新システムなど）から考えられます。「新規性」も含め、いかにして「優位性」を出すかを考える必要があります。

商品計画

マトリックス:縦軸・横軸にいろいろな項目を置きながら
セールスポイントを明らかにする

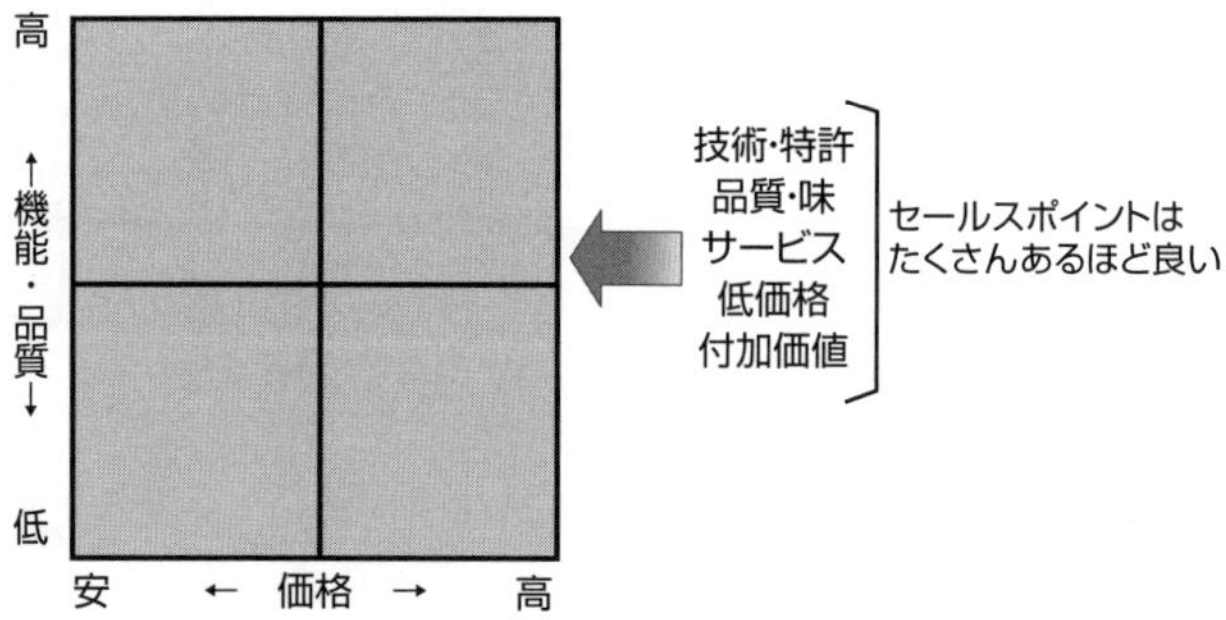

買い手の立場で商品のセールスポイントを
考える際の商品の3つのポイント

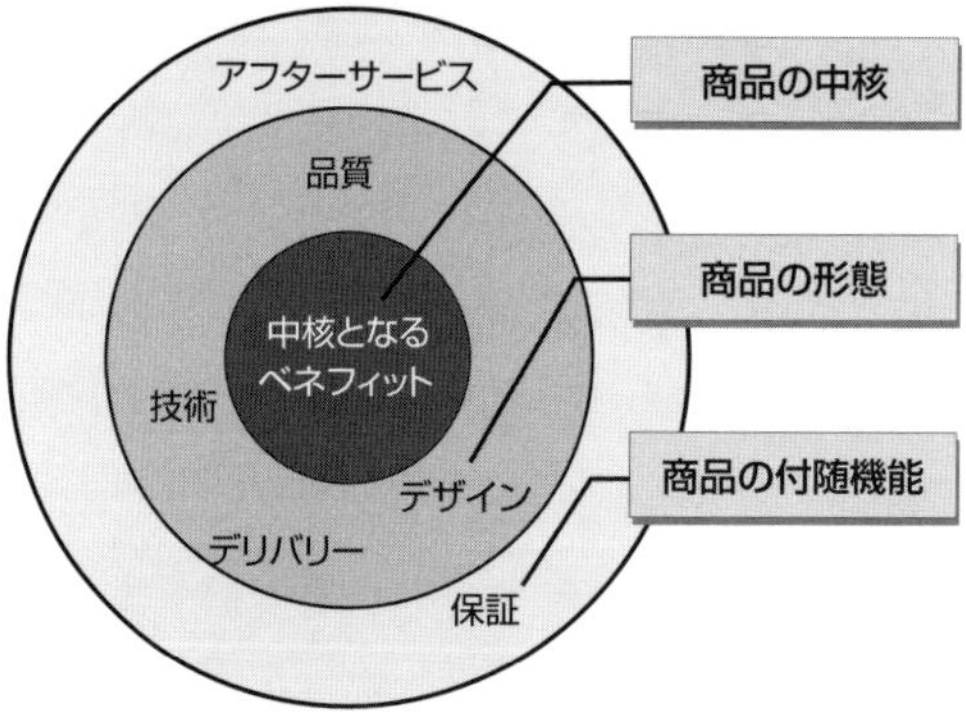

◇技術力

どうしたら商品力を上げることができるでしょうか、そのひとつが技術の高さでしょう。技術力の高い商品なら、クチコミの対象にもなり、マスコミも取り上げます。特に、特許や実用新案を取れる技術性の高い商品なら、大きな強みとなります。

「マジックしゃもじ」（曙産業）は、プラスティックの表面にクロスした筋をつけたしゃもじで、ごはん粒がつきにくくなっています。大山会長が、寿司屋で職人が使っているしゃもじにごはん粒がつかないのはなぜかを観察して、しゃもじの木の表面が使い込んでざらついていることに気づき、開発したのだそうです。

錦見鋳造の魔法のフライパンは、炭素の遠赤外線効果で表面全体が均等に熱せられるうえ、油が鉄と炭の隙間に浸透し、表面に皮膜を形成するため焦げにくい構造となっています。

長谷園（１８３２年創業の伊賀焼の釜元）は、火加減なしでふっくらしたご飯が炊き上がるお釜「かまどさん」を開発し話題となりました。

ハウスシードは、揺れると自動的に締まるナット、木造住宅トップクラスの耐力壁を開発するなど、同社建築の住宅は三代以上住まうことを目標に技術を追求しています。

船舶用プロペラ最大手ナカシマプロペラは、「ものづくり日本大賞」内閣総理大臣賞を受賞した世界一級の技術力を活かして人工関節の開発、手術支援ロボットの開発など新事業展開にも意欲的にチャレンジしています。

◎品質

商品にとって、品質が最も重要なものであることはいうまでもありません。ではその品質とは何でしょうか。

品質は業種・業態によって考え方・定義が異なります。日本が世界に誇る自動車でいえば、「企画品質」「設計品質」「製造品質」「使用品質」などが考えられます。また、別の角度で言えば、「あって当たり前の品質」「一元的品質（価格・燃費・馬力など）」「あっと驚かされる魅力的品質」というようにも定義されます。

顧客の立場で考えれば、「使用品質」や「あっと驚かされる魅力的品質」が当然重視されてしかるべき品質ということになるでしょう。

いずれにしても、現在は安かろう悪かろうではとても勝ち残れません。顧客の目がとても厳しくなっていますから、品質の良さは絶対の要件になっています。「衣」や「食」の世界では、質を重視し、高級なものを求めて「ちょっとした幸せ」を味わいたいという意識が強く働くようになっている、という調査結果もあります。

特に「食」に関しては、日本でビジネスを成功させるためには、行列のできる店、リピーターを獲得できるレベルになれなければ勝ち残れません。

北の達人コーポレーションの木下社長はウェブサイト「北海道・しーおー・じぇいぴー（2011年2月に売却）」を開設し、北海道のカニをネットで販売していました。徹底的に味にこだわり、産地からの特急直送が評判を呼びました。

全国宅配のクリーニング工房ライフはウエディングドレスなどブライダル衣装のクリーニング実績は日本屈指です。特殊加工した水を使い水洗いの欠点を抑える独自の技術・品質で顧客を魅了し、結果、ウエディングドレス、高級ブランド品、羽毛布団などのクリーニングで独壇場を築いています。有名芸能人の婚礼衣裳もクリーニングし、ウエディングドレスの素材検査を請け負っている国内では唯一のメーカーです。

自分のビジネスモデルでは、どんな品質で勝負するのか、どうすれば顧客はその品質の良さに感動してくれるのか、どうやってそれを実現するのか、計画段階から考えておかねばなりません。

◇サービス

「サービス」という言葉は、なかなかに奥行きをもつ言葉で、利用する場面でいろいろな解釈が生まれます。例えば、サービスを提供するタイミングでいえば、ビフォアサービス（購入意欲を喚起する販促活動。例えば、①商品情報の提供、②見積価格の提示など）と、アフターサービス（リピータを獲得する販促活動。例えば、①納入商品の技術支援・保守・保全、②クレーム対応など）に分けられます。

優れたサービスとはこれらのすべての段階で顧客がして欲しいと思うことをすることです。ビフォアサービスは、業種・業態にもよりますが、設備面でのコストはあまりかかりません。アフターサービスも、早め早めの対応をすれば、サービスコストを最小に抑えることが可能です。したがって、サービスには大きなコストはかかりません。その気になれば起業直後の会社でも、そのスピーディできめ細かい対応により「優れたサービスで日本一」の会社を狙うことができます。起業家には狙いどころでしょう。

千葉・茨城に店舗を展開しているスーパー・ランドロームは、販売のプロとして「接客サービス日本一」をめざすと村越良一社長は胸をはります。

ザ・リッツ・カールトン・ホテルは、経営品質賞も受賞し、そのサービスの質の高さで有名です。キャッチコピーは「ホテルの中のホテル」。従業員は常にサービスの基本精神が書かれている「クレド（credo）」というカードを携帯しています。

「リッツ・カールトンはお客様への心のこもったおもてなしと快適さを提供することをもっとも大切な使命と心得ています。私たちは、お客様に心あたたまる、くつろいだ、そして洗練された雰囲気を常にお楽しみいただくために最高のパーソナル・サービスと施設を提供することをお約束します。リッツ・カールトンでお客様が経験されるもの、それは、感覚を満たすここちよさ、満ち足りた幸福感、そしてお客様が言葉にされない願望やニーズをも先読みしておこたえするサービスの心です」（ザ・リッツ・カールトン・ホテルクレドカードより）。

アスクルも、サービス第一をモットーにして中小企業向けを中心に業績を伸ばしています。「明日来る」というサービスからそのまま「アスクル」という会社名となりました。お客様からの問い合わせセンターを会社建物の中心部分に据えて、顧客サービスに遺漏なきを図るよう各部署と連携をとっていることからも、そのCS（顧客満足）への意識の高さ、徹底ぶりがうかがえます。その細やかでスピーディなサービスが、他の大手にはない売り物です。

◇スピード

「ＳＯＳ」をご存知ですか？　Spirit（やる気）、Organization（組織）、Speed（一気）の３つです。やる気があって、組織（仲間）が整えば、あとは一気呵成に実行するだけです。世の中の変化の速さが、日ごとに加速しています。「無能な企業は競合他社を無視する。平凡な企業は競合他社を模倣する。卓越した企業は競合他社の先を行く」とはＦ．コトラーの言葉ですが、いまや、「速い」ということは、それだけで強力な企業競争力となります。

起業家は、その機動力の高さ、意思決定の早さを生かすことで、市場につけ入ることも充分に可能です。

前述の通り、アスクルは今日頼めば明日には届ける（商品によっては当日に届ける）という商売で大躍進しました。

クロダ精機のキャッチコピーは「コンビニ工場」。操業時間外でも急ぎの注文を受けます。金曜の昼までに設計図をネット経由で受け取れば、週末に仕上げて月曜日朝一番に発送します。同社には携帯やデジカメ用の板バネなどの試作注文が殺到しています。

デルもスピードを強みにしています。注文を受けたその日のうちに中国の工場でパソコンを組み立てて日本に空輸、最短4日で届けます。余分な在庫を抱える必要がなく、途中に卸や小売店が介在しないため、それだけ価格も安くできます。

すかいらーくは全て直営店方式をとり、地域の特性や客の好みの変化に応じて素早く業態転換できる「変わり身の早さ」に躍進のヒミツがあります。

◇ライフサイクル

商品には長短はあれ、必ずライフサイクルがあります。

❶導入期＝新製品、新商品として発売されたばかりの段階
❷成長期＝需要が急速に伸び、後発のメーカーも追随してくる段階
❸成熟期＝需要そのものは飽和状態であり、新規需要から買い替え需要に転換
❹衰退期＝需要は衰退

当然ですが、ライフサイクルの長い商品のほうが、当然有利になります。

「ムーアの法則」をご存知ですか？「集積回路（ＭＰＵ）におけるトランジスタの集積密度は、１・５年ごとに倍になる」という経験則です。これによれば、ＭＰＵの量的性能は

3年で4倍、6年で16倍、9年で64倍、10年で100倍、20年で1万倍、30年で100万倍……と、飛躍的に高まることになります。

ＩＴ関連商品の製造コストは、ＭＰＵの性能アップに逆比例して下落し、その結果、これら商品は日進月歩のスピードで代替わりしています。街中の公衆電話は今や誰も使わず強烈に性能アップしたスマホに取って替わられました。パソコンは数年しないうちに旧型機に成り下がってしまいます。

このように激しく変化・進歩するＩＴ分野で起業しようとするなら、たえずその業界でトップに君臨する必要があります。トップ以外は市場から蹴落とされてしまいます。その実力がなければ、ＩＴインフラそのもので、あるいはそれに近い商品・サービスで勝負するのは考え物です。ＤＶＤで、ブルーレイ陣営に敗北した東芝の例は耳新しい出来事です。ＩＴは手段として「活用する」側に徹するのが賢明です。

ＩＴ先進国の米国でさえ、成長している業種・業態は、長期のトレンドでみてみると「人」や「食」、あるいは「日用品」に関する事業です。

それでも、変化が激しい今日ですから、常に市場に関心をよせ、顧客の声を聞いて、次の商品の準備をしておくことが必要です。商品寿命は長くて3年と思って、次の計画を練っておくことが求められます。

◇ランニングビジネス

ビジネスの収入モデルには、イニシャルで稼ぐビジネスもあれば、毎月の使用料金のように、ランニングで継続的・安定的に収入を確保するビジネスもあります。システム開発のようにイニシャルで稼ぐ場合は、山谷が生じ、資金繰りにも気を抜けません。

商品・サービスの売上は、できることなら継続的・定常的であるのが好ましいのです。安定的経営だと商いにムリがなくなります。

保守業務・保守部品販売などが典型です。コピー機メーカーは、機器の販売以上に、トナーやインクの販売で稼ぐのです。

家のパソコンのプリンターが壊れてしまっても、家電量販店に買いに行くと、やや年式の古い機種なら価格は数千円で買えます。一方、インクはと言えば、多色セットで5000円以上です。本体はタダ同然で売っても、インクは大きな値引きなし。しかも他社の製品、代替品は一切使えません。インクがなくなるたびに買いに行くと、3年間で数万円にもなります。これぞ、ランニングビジネスでしょう。

紫式部の河野真社長の考え方も、ランニングビジネス狙いです。全国古書店の蔵書の検索システムをつくりあげ、全国の古書店を会員に招き、毎月固定費を回収して、安定的収益を得ています。

また、AmazonやYahoo!、楽天が行っている同様サービスとは一線を画す、きめ細かいサービスを行っています。会員である古書店の意見を聞くため全国を行脚。その検索能力のアップに日々努めています。

書籍名・著者名・出版社名・副題などで検索する一般的な検索方法に加え、恋をしたときに読む本、定年になったときに読む本など、新感覚的な分類で、欲しい本が簡単にみつかるパワフル検索をサービスのセールスポイントにしています。

◇フロントエンド商品で集客→バックエンド商品で儲ける

顧客を呼び寄せる入り口となる集客用の商品やサービスはフロントエンド商品と呼ばれます。一般的には比較的安価に価格を設定し、顧客を呼び寄せようとします。

それに対して、本当に売りたい商品はバックエンド商品と呼ばれ、ここで利益を得ようとします。バックエンド商品は価格も高めで、いきなり売るのは難しい。そこで最初の敷居を低くして、まずは低価格のフロントエンド商品をまずは売り込むのです。

「さおだけ屋はなぜ儲かるのか」といえば、安いさおだけで顧客を呼び込み、ついでに高価なさおだけ、さらには物干し台までも売ってしまうという商売上手だからです。「障子の張替え1000円～」ビジネスも同じです。障子の張り替えの他に、襖《ふすま》や畳、壁紙などの張り替えや取り替えも狙っています。

眼鏡屋は単に眼鏡を売るだけではありません。遠近両用のレンズや、高いフレームを勧めたりします。後々は、その眼鏡の修理、レンズの交換、さらには高価な補聴器までも売ってしまいます。

プリンターもフロントエンドで、インクや消耗品が本命の商品です。プリンターメーカーは、ハードを値引き販売しても、インクの定価販売で大きな利益をあげています。

フロントエンド商品は、無料にすることも少なくありません。無料で屋根を点検し、瓦の葺《ふ》き替えを受注。無料で床下を点検し、シロアリ駆除処理を受注。水道の水質調査から、高価な浄水器を販売、などが無料フロントエンド商品ビジネスです。「無料小冊子」進呈！　といった手法もよく行われますし、無料セミナーも有効です。

ただし、フロントエンド商品を無料にすると、来客数は増えますが、ややもすると無料に反応する客層ばかりが集まり、バックエンド商品の販売に結び付けられないケースも想定されます。どのような商品、いくらの商品を販売しようとしているのか、よく考えて実施する必要があります。

◇ロングテール

米「ＷＩＲＥＤ」誌の編集長だったＣ・アンダーソンは、２００４年にThe Long Tailという記事を著しました。

縦軸に販売数量を、横軸にアイテムを販売数量の多い順に並べたグラフを描くと、販売数量曲線の〝テール（尻尾）〟部分に現れるニッチ商品をロングテールと呼び、従来の「２：８の法則（パレートの法則）」では、ヘッド部分の2割のアイテムが全体の8割の売上をあげていることを重視していましたが、このロングテールに注目したのがアンダーソンの記事です。それぞれひとつでは小さな売上にしかならないロングテール部分に相当する多品種少量な商品の販売によって全体では大きな売上・利益をもたらすことができるという新しい理論です。

これは、ＩＴの活用で、多品種少量商品のデータベースへの登録や在庫引き当て、発送処理等が安価にできるようになったからです。オンラインショップでは、少しずつしか売れない商品の売上を合計すると無視できない割合になり、逆に売上上位の少数の製品を合計してもたいした割合にはならないことがわかったのです。

現に、オンライン書店のAmazonなどでは、膨大な商品を低コストで取り扱うことができるために、数年に1回しか売れないようなアイテムであっても、データベース上に登録し、全体では大きな売上をあげることができるようになっています。

このロングテール理論は、広範な業種・業態の商品に適用されています。

横浜のある金物屋さんは、店頭販売に加えて、扱い商品のネット販売を開始しました。可能な限り多くの商品をこと細かくホームページに掲載したところ、全国から注文が入るようになったと驚いています。値段は正価、しかも送料が乗りますから決してお得な買物ではないのですが、他では見つからない商品がホームページに載っていれば「顧客はつく」ということがわかったそうです。

また、キャラクター文具だけを揃えたネットショップを開設したところ、売上が、大手の全店舗の同種商品の売上合計を上回った例もあります。

もちろん、すべての業種・業態でこの新商法が成り立つわけではありません。2：8の法則を守るか、ロングテール商法にも着目するのか、よく頭をひねる必要があります。

問題は、多品種少量商品を扱うための在庫費用や処理費用をいかに小さくするかです。いろいろシミュレーションをして、必要なら試行もして、実行すればよいでしょう。

◇顧客の変化に対応する商品計画

すでに「外部環境分析」や「ＫＦＳ」の項で、市場や顧客の「現状」と「将来」を把握する必要性を述べました。事業の計画段階から、市場や顧客の「現状」に加えて、「将来への変化」の波を読むことが欠かせません。法人も個人も、顧客は時の経過とともに様々に変化していきます。しかもその変化のスピードはますます加速しています。したがって、刻々変化するこれら顧客のニーズを先取りした商品やサービスの提供を、常々考えておくことが必要です。

法人顧客の場合、時の経過とともに創業期・成長期・安定期・衰退期などの変遷があり、その段階ごとに提供商品のニーズは変化します。外部環境の変化でも、その企業は変革を余儀なくされます。安い中国製品が押し寄せてくれば、突然危機に見舞われることもあります。革新的商品がヒットすれば、業績が大化けすることにもなります。重要顧客のもとには絶えず訪問し、現場の動きを五感で捉え、その企業の現在と将来を見据えた商品の提供をいつも考えておく必要があります。

トップのリーダーシップ如何でも、その企業は方向を変えます。したがって、その企業のトップと良好な関係を築いておくことも重要です。

個人顧客の場合は、結婚や子供の誕生・入学・卒業、また転勤・昇進・定年退職など、法人以上に状況が変化します。生活が豊かになり、世の中にモノがあふれ、顧客の欲求のレベルは高まる一方です。

不特定多数の個人顧客に対応するネット販売等の場合は、メールやSNS等、双方向のコミュニケーションのしくみをホームページ上に用意し、ITの威力も活用しながら、フェイス・トゥ・フェイスの接客以上のワン・トゥ・ワンの関係を作り、顧客の変化をつかんで柔軟にビジネスを展開することが求められます。

定年前の顧客に生命保険を販売し、その人が定年退職したら世界一周の高額ツアーを販売、さらに旅行から戻ってきたら陶芸や絵画スクールなどの斡旋も行っている、という人もいます。

どの場合でも大切なことはやはり「顧客への深い関心」だと思います。

◎ネーミング・商標

商品計画で忘れてならないのが、商品のネーミング。いい商品にいい商品名がつけば、販促効果が期待できます。また、競合他社に真似されないよう「商標」登録しておくことも必要です。

レナウン抗菌靴下「通勤快足」は、ネーミングで成功した事例として良く知られています。はじめは「フレッシュライフ」という名前で売り出しましたがさっぱり売れませんでした。そこで商品はそのままに、名前を「通勤快足」に変更して再度販売したところ、まもなく販売量が飛躍的に伸び、大ヒット商品となりました。

TOTO保温浴槽「魔法びん浴槽」も、ネーミングで成功した例です。保温性のポイントは、浴槽下の床材に採用した断熱性の発泡ポリプロピレン。特に、朝風呂を楽しむ高齢者に評判で、わかりやすい製品名がヒットにつながりました。

甘納豆「ゴリラの鼻くそ」は、全国の動物園などで販売され、面白い商品名が顧客を引きつけ、話題になりました。

商標登録の仕方は簡単です。特許庁で聞けば、懇切丁寧に教えてくれます。登録料もそれほど高くはありませんので、商品名を決めたら、登録しておくことをお勧めします。販売した後で、同一商品名は困る、と訴えられても、その時点での商品名変更は大変です。

できれば、社名も「商号」を商標登録しておいたほうが賢明です。D社は、ある日、同一社名の会社からクレームの文書を送りつけられました。曰く、「自分の会社は社名を商号登録済みである、社名を商品名でも使っている。同一社名を使うのは困る」という内容です。すぐに、弁護士・弁理士と相談し、文書で「問題ない」旨を回答、数回のやりとりの後、ようやく先方はクレームを言ってこなくなりました。しかし念のため、D社も社名を商標登録しておいたそうです（商標は商品やサービスの内容によって45分類あり、この会社の業態は、相手が登録していない分類だったので、登録が受理されたそうです）。

11 価格計画～Price

価格計画とは、商品の値段をいくらにするかを決めることです。

商品の価格は、売り手が商品の原価に利益額を乗せて決める場合が常識的です。しかし、実際に売れるかどうかは、顧客が商品の価値をどう感じるか、その値段なら買ってもいいと思うか否かで、決まります。結局は商品の価格は顧客が決めていることになります。

起業家にとって、この価格をどうするかは極めて重要な問題です。原価を抑えて低価格で売るのか、付加価値をつけて高価格で売るのか、通常の価格で売るが何かしらの工夫を加えるか、知恵を絞る必要があります。

◇低価格or高価格

◎【低価格の例】
・100円ショップ→大量生産、大量仕入れで数量割引。
・QBハウス（10分1000円の理髪店）→チェーン店展開でノウハウ共有。

・テンポスバスターズ→閉店した店や倒産メーカーから厨房機器を安く仕入れ。
・はんこ屋さん21→パソコンでつくるノウハウをチェーン展開。
・かつらWith→ネット割引で、かつらの価格破壊を実現。
・カワムラ（住宅のネット販売）→営業をネットに限定、販売価格を30％安くして善戦。

◎**【高価格の例】**

・ルセット（1斤2600円など、こだわりのパン）→材料厳選。
・ライフ→VIP御用達のクリーニング工房
・ブランド力のあるOEM元製品→OEM先の同じ商品より1～3割高くても売れることがある。

特に、個人顧客に商品・サービスを販売するBtoC型の業種・業態では、商品の価格が安いほうが断然有利です。安くて質が良ければ顧客はそちらに流れます。

例にあげた100円ショップ、QBハウス、はんこ屋さん21などは、いずれも大手企業やチェーン店が規模のメリットなどを活かして安く抑えている面があり、中小規模の企業、起業直後の企業にはなかなか実現が難しいといえます。

しかし、起業家も何とか知恵を絞って1円でも安い価格を実現しないと、顧客には喜んでもらえません。安くする方法は、例えばスピード。速く作れば、早くやれば安くなります。標準化もその1つです。ネット活用による販管費・物流費等のコスト低減、流通ルートの短縮化・中抜き、さらにはアライアンスなど、工夫できることは結構あるものです。

商品力・技術力を高め、付加価値をつけて高価格で売る戦略をとるほうが、起業直後の小企業には魅力的です。ただ、ある時期は高価格、売れないとなると今度は低価格という、顧客を無視した自己中心的な価格決定スタイルはよくありません。個人に売るのか、法人に売るのか。マクドナルド式で低価格にするのか、モスバーガー式の高価格でいくのか、自社のイメージ・ドメインをどこに定めるかをはっきりさせる必要があります。

法人対象のビジネスの場合は、先方が大手か中小企業かでも価格戦略が異なる場合があります。中小企業の場合は、最初は安い価格で契約し、顧客に利益をもたらし、実績をあげる中で「本来価格」に上げてもらうのも「やむなし」かもしれません。

大手法人の場合は、「口座」を持つことさえ難しく、技術力・商品力を上げ、粘り強く、正面突破で「適正価格」での契約を勝ち取るしかありません。大手に認められるような商品であれば、その契約価格は想定したものより1桁も2桁も多くなります。大手と価格交渉をする場合は「顧客に価格をつけてもらう」ことが秘訣です。

価格計画

◆低価格

市場浸透価格	顧客が購入しやすい低価格
心理的価格	端数価格:19,800円など、安さを印象付ける 段階価格:高級、中級、普及品に段階化
区別的価格	同一商品・別低価格(量、場所、時期、顧客)
割引価格	数量割引、業者割引、現金割引、季節割引、ネット割引

◆付加価値、高価格

上層吸引価格	付加価値をつけ高額所得者を狙う
心理的価格	名声価格:高級ブランド品 段階価格:高級、中級、普及品に段階化
区別的価格	同一商品・別高価格(量、場所、時期、顧客)

◆その他要因による価格

心理的価格	慣習価格:たばこや缶ジュースなど価格イメージ定着品
希望小売価格	メーカーが標準小売価格を明示
オープン価格	希望小売価格を明示せず小売業者に一任
再販売価格	小売価格維持のため流通業者に販売価格を指示 独禁法で認められている商品のみ

12 流通計画〜Place

流通計画とは、商品をどのように仕入れるのか、どのような形態でどこのどんな顧客に販売するのか、どのような経路で商品を顧客に届けるのかを考えることです。

◎仕入ルート

仕入ルートは国内か、海外か、卸問屋経由か、中抜きか、など、ルートは多彩に考えられます。

W社長は、その人脈と語学力を生かして、ハンガリーのワイン蔵元との提携に成功し、日本における独占代理店の販売権を得て、大手デパートなどへの卸に成功しています。

I社長は、ヨーロッパの個人が持つ希少ワインを仕入れるというユニークな仕入方式をとり、予約注文がとれている日本のホテル、レストランに卸しています。

いずれも、中間卸を通さない「中抜き」ビジネスです。顧客に安く、早く届ける仕入ルートといえるでしょう。

◇販売ルート

販売ルートはどうでしょうか。法人（B to B）か、個人（B to C）か、海外か、国内か、国内でも全国か、身近な地域限定か、など、選択枝は様々に考えられます。

小売店の出店を考える場合、スーパーや百貨店の中に店を構えるか、個店を出すのか、これもルートは様々です。

ネットショップの開設では、楽天やYahoo!などのショッピングモールへ出店する手がありますす。ただし、大手のひさしを借りるのは、集客は保証されても、売り方などで制約が多く、独自の考えによるネットショップの展開は難しくなります。加えて、会費を払うほか、売上高に応じたコミッションまで取られます。結果、ショッピングモールへの出店では、黒字のショップはあまり多くないのが実情です。

自分の思いどおりのネットショップをつくりたい人は、独自サイトを開設すべきでしょう。人のひさしを借りるのは簡単ですが、自分で苦労し工夫して初めて「ホンモノ」になれます。

◎「ニッチ」「無風地帯」を狙う

大企業は「小さく考える」ことは得意ではありません。一定の売上、一定の利益が見込めないビジネスには手を出しません。したがって、起業家は、ニッチ（隙間）市場、あるいは「無風地帯」での起業が狙いどころとなります。

起業家にとってニッチとは、大企業に先んじて市場を切り開ける美味しい分野です。まずここで小金を貯め、中金を蓄え、やがては大金を残せばよいのです。ホップ、ステップ、ジャンプです。いきなり大金を狙うのは、よほどの画期的事業でない限り難しいでしょう。

ニッチビジネス同様、「無風地帯」を狙ったビジネスも、今はまだ存在していない市場、競争のない未知の市場相手であり、成功の可能性は大きくなります。このような市場は広大で深い「青い」海のようであるという意味で「ブルー・オーシャン」とも呼ばれています。

従来の市場、すなわち、競争相手とのつぶしあいから価格競争に巻き込まれ、利益体質が崩れ、赤く血に染まっていく「レッド・オーシャン」で闘うのは賢明ではありません。大企業の傘の下で活路を見出そうとする「下請け」的発想のビジネスも、レッド・オーシャンに沈むおそれ大です。小回りをきかせることで、なんとか細々と儲けようとする事業はあまりにつらすぎるし、少し能がなさすぎるかもしれません。

起業家は、市場・立地の選定を間違えることなく、「無風地帯」「ブルー・オーシャン」を見つけ、そこでまず「楽しく儲ける」「ポジショニング」をみつけるべきでしょう。

クロネコヤマト宅急便

西濃・福山・三八五《みやご》など、大手運送会社は、地方から地方へ、複数の法人顧客の商品を混載するネットワーク型運送でノウハウや利益を蓄積していました。後発の大和運輸（ヤマト運輸）は、大手が手をつけていなかったＢtoＣ型の個人相手の「宅急便」に転進せざるをえなかったのです。

社内全員の反対を押し切って業態転換に踏み切った当時の小倉昌男社長にも必ずしも成算はなかったようですが、当初の赤字にへこたれない執念の展開で、新事業は徐々に軌道に乗り始めました。

しかも、後追いして参入してきた大手の日通ペリカン便や佐川カンガルー便らはこれら大手企業にとってはあくまでも「副業」的位置づけにとどまり、結果、長らくヤマトの宅急便には「ほとんど敵がいない」幸運な状態が続いたのです。

流通チャネル検討表

	項　目	特　性	課　題	対応策
商品特性	サイズ	重厚長大	サイズ大で流通費大	運送業者活用
	鮮度	鮮度が命	鮮度が低い	クール便活用
	流行性	流行性高い	頻繁な商品入れ替え	仕入先複数開拓
仕入経路	チャネル政策	開放型	開放型でリベート薄	専属型を狙う
	チャネル管理形態	管理型	管理型で利益幅小	仕入先再選定
	仕入ロットサイズ	大	ロット大で資金不足	仕入ロット最小化
	仕入頻度	規則的	定期配送で機会損失	ランダム仕入化
	仕入先数	少ない	少なく不自由	仕入先開拓
	仕入先立地	集中	地元だが商品見劣り	良品なら世界から
販売経路	チャネル政策	専属型	専属型だが利幅小	新チャネル開拓
	チャネル管理形態	管理型	管理型だが管理費大	新チャネル開拓
	販売店数	少ない	少なく苦戦	扱い店を増やす
	販売店規模	小	小規模で売上増えず	大手に売り込む
	参入・退出条件	自由	拘束期間なし	長期契約関係化
	販売立地	集中	地域特化で問題なし	当初は地域特化
	経路長	短い	地域特化で問題なし	当初は地域特化

◆「チャネル政策」面での分類

- 開放型：希望するすべての流通業者と契約。日用雑貨、食料品など。
- 選択型：優遇流通業者との限定契約。高価格品に多い。良好な関係が築ければ有利なビジネスが展開できる。
- 専属型：特定流通業者に専売権を与える方式。自動車、化粧品、ブランド品など。起業家にはやや縁が薄い取引。

◆「管理形態」面での分類

- 直営型：直営販売店ネット。起業家には縁が薄い取引。
- FC型：フランチャイジー（加盟店）に経営権を付与。コンビニなど。FCで開業する起業家は要検討。
- 管理型：チャネルキャプテンの下で緩やかに統合管理。一般の起業家には縁が薄い取引。

独自のオンラインシステム、ダントツ3か年計画など、絶えず大手他社の先を行く戦略も奏効しました。

BtoB型中心で、法人顧客との契約単価が低く値切られてしまう大手他社の宅配に対し、BtoC型のクロネコ宅急便は、均一定価料金で利益率も高く、これも成功の要因になりました。

◇ランチェスター戦略

イギリスの航空工学のエンジニアであったF・W・ランチェスターが、第一次大戦での戦闘機の空中戦をシュミレーションすることで発見した法則がランチェスター法則です。

その後、この法則は、米コロンビア大学のOR（Operations Reseach）チームによってさらに研究され、第二次大戦では対日戦線に使われ多大な成果を収めたと言われています。

「ランチェスター戦略はもう古い」という声もありますが、今でもマーケティング戦略の重要な柱のひとつとしての位置を保っています。

ランチェスター理論は、2つの法則が柱となっています。

❶（第一法則）一騎討ちの法則（弱者の戦い方）

槍や鉄砲を使った古風な戦い・一騎討ち戦では、人数が多いほうが勝ちます。数で劣る場合には、絶対に総力戦を挑んではいけないのです。

「大手と喧嘩をするな」「敵の強いところは攻めるな」、これが弱者の戦い方です。

❷（第二法則）集中効果の法則（強者の戦い方）

機関銃など、重火器で敵を攻撃できる広域戦では、槍や鉄砲といった兵器よりもより高い確率で、敵に集中的に損害を与えることができます。集中効果の法則は、強者の戦略です。

以上から、弱者の戦略は次のようになります。

❶局地戦を選ぶ

強者の盲点、死角を突く戦略です。死角とは、小都市・僻地《へきち》・過疎地・駅から離れた不便なところなどをいいます。

全域をカバーできる強者などまれですから、強者が手を出さない局所を選ぶのです。大手が強い地域、自分より強者がいるところは避け、自分でも勝てる僻地で力をつけながら商圏を広げます。

大手が「僻地」の存在に気がついても、「たいしたことではない」と思わせておき、徐々に戦線を拡大していくのです。

❷接近戦にもちこむ

サービス面で顧客ににじり寄る、顧客と「お近づき」になる戦法です。まずは顧客とよく顔を合わせることが基本です。例えば、出した料理の味をコックみずから顧客に聞くとか、地域活動の集《つど》いに積極的に参加する、ミニイベントを積極的に開催する、メルマガを発行するなど、様々な方法が考えられます。

顧客に接近し、心理的な充足を与えるのです。電話や電子メールでタイミングよく御用聞きをしたり、季節や記念日に合わせた案内をすることなども、その一例です。

同じ地域だとか同郷だとか、顧客との共通点をみつけて「似たもの同士になる」という方法もあります。

❸一騎討ちの形にする

極力相手を分断し、数的に優位に立ったところで、一騎討ちを仕掛ける戦法です。相手を分断することで局地戦に持ち込むのです。

大坂冬の陣で、真田幸村は大坂城から撃って出て、徳川家康の本陣に突進しました。幸村は最後には敗れましたが、この奇襲に家康は一時、自害も覚悟したと言われています。

❹兵力の分散を避け、一点集中主義をとる

これも前述の❶や❸に通じる戦法です。

一点集中攻撃こそが最大の成果を上げます。勝つということは、そこで第1位になることです。ランチェスター戦略は局地戦略です。市場をトコトン細分化し、局所での占有率を確保することが戦略の基本になります。局所で占有率を確保しながら、拠点を1つずつ増加させていくのです。

酒販店チェーンのカクヤスは、ランチェスター戦略を実践して成功した企業といえます。同社は、顧客の要望で「ビール1本でも無料配達」していることで知られています。商圏を限定し、各支店が半径1・2キロメートル圏をカバーするローラー作戦で大きく飛躍しました。

一般の家庭向けに、店舗から半径1・2㎞を商圏として無料宅配を行い、その円を東京23区すべてに広げるというカクヤス独自のビジネスモデルは、成功を収めています。佐藤順一社長の経営方針があたり、小さな酒販店が中堅の物流会社にまで大化けしたのです。

◎アライアンス

製品・技術・チャネル・ブランド・機能など、自社に不足しているものを他社で補うのがアライアンスの一形態です。各社の強みを組み合わせ、さらなる強みを創出する、より強固なアライアンス（戦略提携）もありえます。互いに利点のある、しかも顧客に利点をもたらす、ウィン・ウィン・ウィンのアライアンスが理想です。

アライアンスによって相手企業の技術や資本を利用することで、投資額の節約、投資リスクの削減、市場参入の短期化、相手企業の技術利用・習得、資源の有効利用・節約、コスト競争力アップなどができます。

米国で急速な成長を享受している小企業の数社に1社は、大企業との戦略的アライアンスを展開しているといわれています。競争相手との連携、強みの結合、共創は、今や当たり前になりました。

前出のかつらWｉｔｈは美容室と提携し、ネットで受注したかつらを美容室で試着してもらってから販売することで、ネットでかつらを売る場合の問題点をクリアしました。

◎ファブレス経営

ファブレスは、fabrication（製作・組み立て）とlessを合わせた和製英語です。その意味は、生産設備を持たず、自社で独自に企画・開発・設計した製品を他社に委託して生産することです。

当初、半導体業界で使われた言葉ですが、「持たざる経営」は他の業種・業態でも取り入れられるべき考え方です。顧客がついていないのに安易に商品を仕入れたり生産したりせず、受注してから仕入・生産をするよう、「在庫ゼロ」を心がけるのもその一環です。

インターネットテレビは、ネットで動画配信をするビジネスで伸びています。事業計画策定にあたっては、技術の方向を見極め、回線や機器はすべてアウトソースすることで、初期投資資金・運転資金を競合他社の1割程度に低く抑えるよう工夫しました。

オリジナル挙式を企画・運営するPlan・Do・Seeは、自前の宴会場を持ちません。都内や関西にあるレストラン・ホールと契約することで、コストを大手ホテルの6~7割と、大幅に圧縮することに成功しています。

13 販促計画～Promotion

販促計画とは、商品および企業のイメージをいかに的確に顧客に伝えるかを決めることです。

販促手段は業種・業態や扱う商品により、様々に計画する必要があります。自分の業種・業態・商品だと、何にいくらのコストをかけるか、しっかりと計画しておくことが必要です。

不特定の顧客を広く集めるのが「マスマーケティング」です。顧客がどこにいるかわからないので、チラシや広告、テレビCMなどを使って広範囲に情報を流し、その中にいる顧客を集める手法です。

特定の顧客がみえている場合が「エリアマーケティング」で、顧客名簿を作り、直接訪問してアタックします。メール・DMも考えられます。セミナーや展示会に招くのもいい方法です。

販促計画

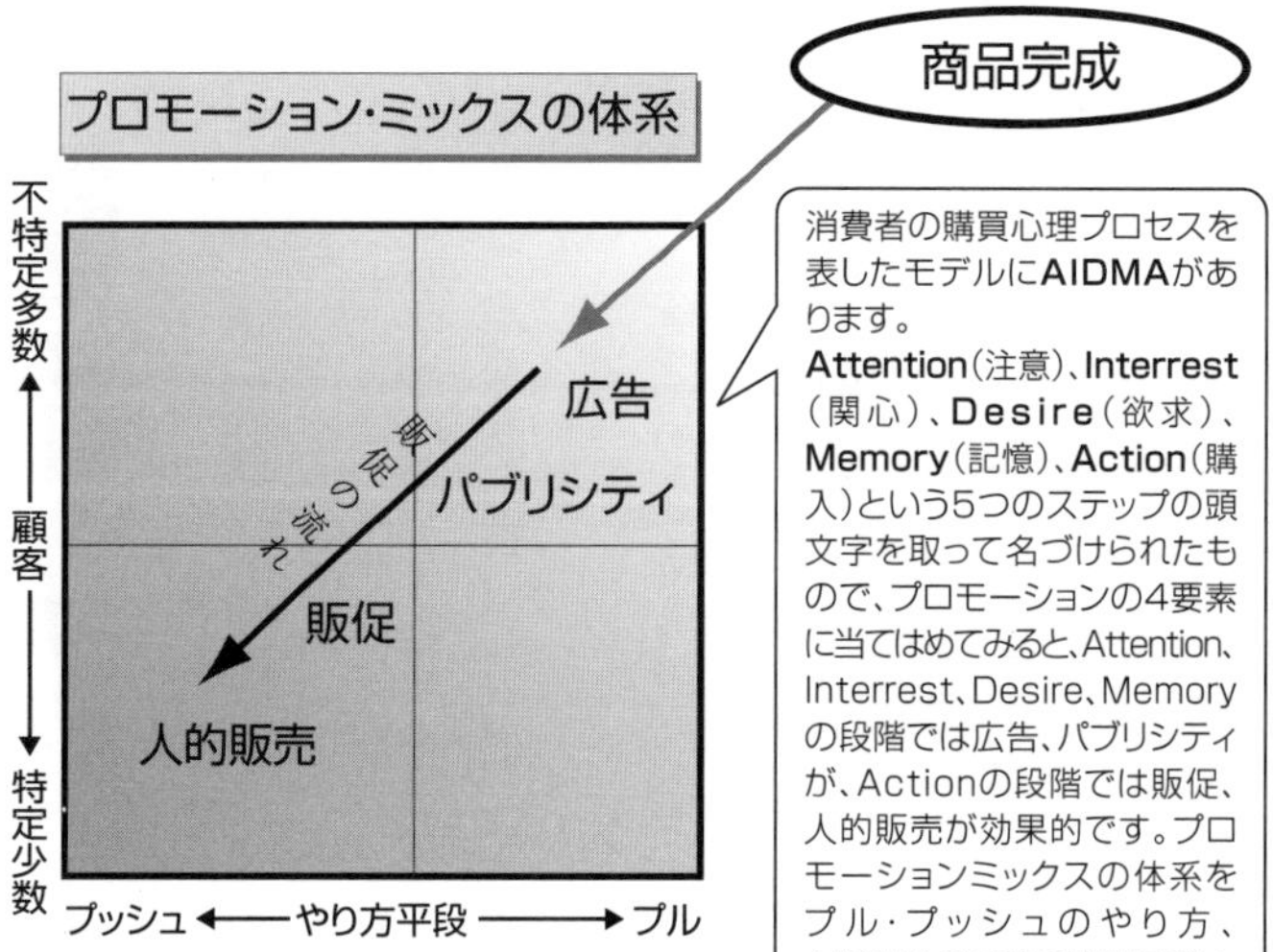

消費者の購買心理プロセスを表したモデルに**AIDMA**があります。
Attention（注意）、**Interrest**（関心）、**Desire**（欲求）、**Memory**（記憶）、**Action**（購入）という5つのステップの頭文字を取って名づけられたもので、プロモーションの4要素に当てはめてみると、Attention、Interrest、Desire、Memoryの段階では広告、パブリシティが、Actionの段階では販促、人的販売が効果的です。プロモーションミックスの体系をプル・プッシュのやり方、AIDMAの2軸で表現すると左図のようになります。

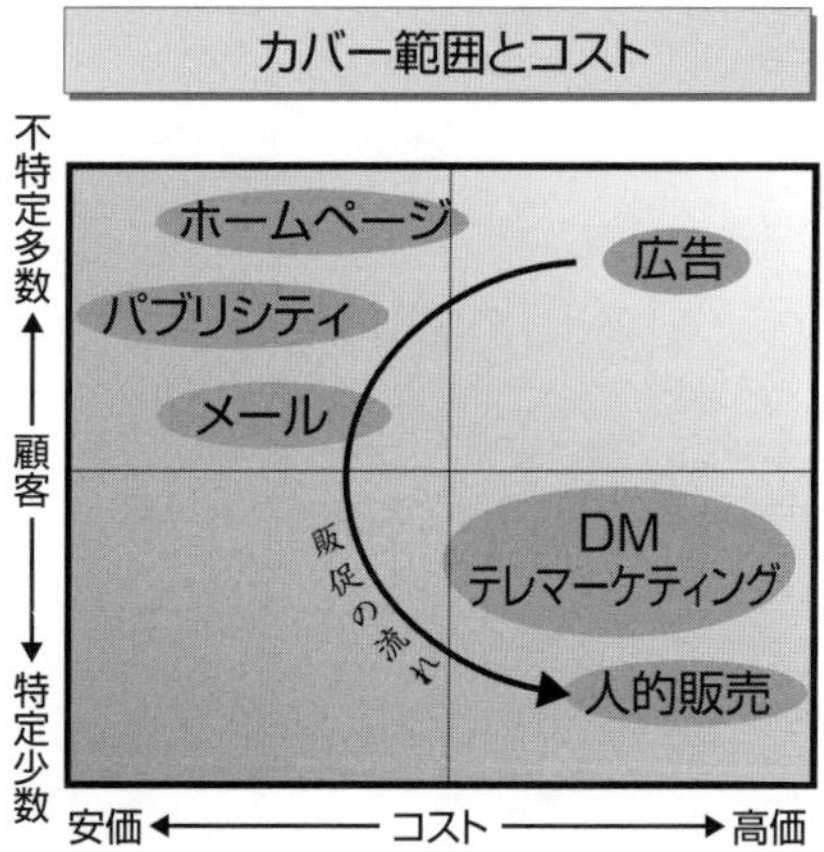

◇広告

とにかくお金をかけない有効な広告方法を考えるべきです。この場合、宣伝文句・キャッチコピーが重要です。

PASONAの法則

PASONAの法則とは、

P（Problem＝問題）顧客が抱えている問題・欲求を明確化する
A（Affinity＝親近感）顧客と同じ悩みや望みを持っていることを描写する
S（Solution＝解決策）問題の解決策を提示する
O（Offer＝提案）具体的な内容を提案する
N（Narrowing down＝絞込み）対象や条件を絞込む
A（Action＝行動）具体的な行動への呼びかけを行う

の6つの要素からなり、この6つの要素を、この順番通りに語りかけると、顧客の反応を引き起こしやすくなると言われています。
例えばトイレ用擬音装置「音姫」であれば、

P　女子社員1人で年1万円経費が増えること　ご存知ですか
A　私もそれを聞いたときは最初は信じられませんでした
S　それがTOTOの「音姫」です
O　今回お申し込みをいただくと工事費もサービスさせていただきます
N　ただいま注文が増えてまして、お届けできるお客様が限られます
A　マスコミでも話題の商品です、今すぐお申し込みください

こうしたキャッチコピーの工夫で、売上を5割アップさせた例もあります。

ホームページ・アドワーズ広告

ホームページ（＝ウェブサイト）は最も安い広告方法のひとつです。今さらその有効性を改めて述べる必要はないでしょう。優秀なホームページは優秀な営業マンに勝ります。業種・業態・商品によっては、必要とする営業社員に相当する金額以上の額をホームペー

ジに投資してもおかしくないほどです。

ホームページを作る場合、大切なのは、訴えようとしている「中身」です。企業理念、ドメインにしっかりと裏打ちされた中身・コンテンツこそが顧客の心を捉えます。

顧客をホームページに誘導する最も効果的な方法の一つが「キーワード連動型広告」です。代表的なのがGoogleアドワーズやYahoo!スポンサードサーチと呼ばれる広告です。

ホームページについて、詳しくは「14 ITマーケティング」の項をご覧ください。

ちらし広告

販促チラシのポスティングという手法は、商品・業種・業態によってはかなり有効です。例えば、地域密着の営業を展開する商店、ショッピングモール・ホームセンター・家庭用品販売店・機器販売店・パチンコ店・飲食店などです。商店やスーパーの「割引」や「無料」の商品案内チラシはお馴染みですね。

某ビジネス誌が飲食店利用について行ったアンケートの結果では、10％程度の割引があれば利用してみたいという消費者の反応が多かったそうです。こうした内容をチラシで告知すれば効果が期待できます。

チラシのポスティングは、なかなか大変な仕事ですが、シルバー人材センターなどに依頼すると、安価でやってくれます。地域やマンションによってはポスティングを禁止しているところも少なくありません。その場合は、費用はかかりますが新聞折込を利用します。探偵社を起業したYさんは、近隣のマンションに数万枚のチラシをポスティングしました。内容は「浮気調査」。うち数件の引き合いがあり、これがきっかけで商売が軌道に乗り始め、やがてマスコミからも声がかかって、その後大きく飛躍することができました。

のぼり広告

薬局や食品関係、ファミリーレストランなどの店頭でひらひらと翻《ひるがえ》るのぼりは、キャンペーンなど、注意を喚起させたい時に有効な手段となります。

同じのぼりを沢山立てたり、同じデザインで色の違うのぼりを組み合わせたり、中に1本、違う色ののぼりを立てたりと、工夫が必要です。

◎パブリシティ

新聞の一面広告は、日経新聞＝約5000万円、4大誌（読売・朝日・毎日・産経）＝2～4000万円、スポーツ新聞・地方紙＝数百万円かかる、と言われています。ゴールデンタイムのテレビCMは、スポット15秒で2～300万円もかかります。

確かに効果的ですが、費用が高すぎて起業家にはとても手が出ません。業界誌への広告ならば、いくらか安くなりますから、業種・業態・商品によっては、少しく検討の余地があります。

それよりも、起業家はパブリシティを狙うべきです。

パブリシティは企業のＰＲ活動の1つで、広告とは異なり、代金を払わないで済む方法です。プレスリリースの配布を行い、新聞やテレビで報道されるよう図るもので、ニュースパブリシティともいわれます。

メディアに取り上げられるか否かの取捨選択はメディア側が行いますから、魅力ある商品やサービスであることがまず第一の条件になります。パブリシティの対象たりうるよう頑張ることが、大きな意味を持ちます。マスコミにタダで取り上げてもらえて、しかもブランド力も一気に上がるなど、その効果は絶大です。

Ｈ社長は、その主力商品である無機ＥＬ（エレクトロルミネッセンス＝電気エネルギーによる発光体）を売り出して間もないころ、テレビ東京系列『ワールドビジネスサテライト』の「トレたま」が目にとまり、ダメモトで商品紹介のＦＡＸを局に送ってみたそうです。

すると驚いたことに、すぐに引き合いがあり、ほどなく番組で取り上げてもらえました。

放映後は、問い合わせの電話などがひっきりなしに入り、これがきっかけで大手企業との商談・契約が一気に進んだそうです。

先ほどの探偵会社のY社長の場合も、扱う商品が「浮気調査」だったり「ストーカー対策」だったりで、茶の間の話題を呼び、テレビでたびたび取り上げられるようになって、結果、商談が次々と舞い込み、今や全国規模の探偵社に成長しています。

先述した古書ネット販売の紫式部・河野真社長も、そのビジネスの先見性、ビジネスモデルの質・技術力の高さ、大手に伍《ご》して業績を伸ばしている話題性から、テレビや新聞・雑誌で次々に紹介され、事業は勢いを増しました。

◎人的販促

業種・業態にもよりますが、顧客の「名簿」が手元にある場合は、人的販売が有効です。いかに世の中がインターネット化されようと、営業の基本は「人対人」であることに変わりはありません。

訪問販売

世界一のトイレ清掃業者になることを目標に掲げるKさんは、まず、企業・役所に出向き「試しにお宅のトイレを弊社に清掃させてください」と切り出します。この突飛な申し出に相手はビックリ。半信半疑ながら「タダなら」「やってみて」となります。

ここまでくればしめたもので、Kさんは自社の技術を駆使して、その会社のトイレを徹底的にきれいにしてしまうのです。

ピカピカになったトイレをみて、お客さんは二度ビックリ。古いので改修しようと思っていたトイレが清掃だけできれいに甦《よみがえ》ることが分かり、その会社はKさんの会社と以降の清掃を契約してしまいました。

大手企業に飛び込み営業をかけているS社は相手の担当者が興味をもっている情報提供を定期的に繰り返し続けるうちに、担当者の真のニーズを掴み、そのまま商談に持ち込むパターンで成功を収めています。

社労士を束ねて人事コンサルを行う会社を立ち上げたKさんの狙いは大手チェーン店。相手が関心を寄せる事例・リスク案件を使って辛抱強くアタックし、ついには顧客にしてしまう手法で成功を収めています。

必要なのは、執念と、顧客を魅了する商品力でしょう。

紹介

顧客に新たな顧客を紹介してもらうことも有効です。

保険販売業のKさんは、商談が成立すると「どなたかお知り合いをご紹介いただけませんか」と、強い押しを入れます。顧客は、Kさんの営業態度や人柄に信頼を寄せて契約した直後ですから、ほとんどの場合、他の上得意を紹介してくれるそうです。今やKさんの顧客の9割以上が、こうした紹介客で占められています。

コンサルタントのIさんは「営業活動はしたことはありませんね」が口癖です。それまでの顧客に対するコンサル実績が評価され、それが評判となって、自然と次のお客さまを紹介してもらえるのだそうです。現在の顧客に、誠心誠意尽くすことで、その顧客はリピーターになってくれますし、別の顧客を紹介してくれるというまさしく良循環を勝ち取っているのです。

逆に、今の顧客が新しい顧客を紹介してくれないようなら、今の顧客への対応方法は何か問題があると考えたほうがいいかもしれません。

クチコミ

悪いうわさはあっという間に流れますが、「いい」うわさを流すには、相当の工夫と細心の注意が必要です。うまい具合にいいクチコミを得られるようなら、これほどありがたいことはありません。クチコミは最も効果的で費用もほとんどかからないケースが大半です。

一番手っ取り早いのはネットの利用でしょう。ホームページ、ブログを利用するパターンがよく使われます。

（例）
・商品開発、起業のいきさつなどを「ストーリー」にし、パブリシティなどで流す。
・買い付けの道中をブログで公開する（海外からだとなお都合良い）。
・これはあなただけにお流しする情報です、と言って流す。

世の中、これで成功した例は結構あります。一例が男前豆腐店。「男前豆腐」や「風に吹かれて豆腐屋ジョニー」など、ユニークな人気豆腐を製造し、いなせなホームページも話題になっています。文化庁メディア芸術祭審査委員会推薦作品に選ばれた優れものです。「この会社、楽しい」「伊藤信吾社長も面白い」というクチコミで、今や全国で大ヒット中です。

海外への引っ越し分野で有名な企業クラウンライン（CROWN LINE PTE LTD）は、ただ単なる引っ越し業者ではなく、ソフト機能（電気・ガス・水道の手配、新聞・保険・家具などの斡旋）を事業者に代わって行う会社として評判が評判を呼んでいる「伝説の」企業です。

◇販促（狭義）

試供品

食べ物や薬品では、試供品を提供することで顧客がゲットできます。一番よくみかけるのがスーパーやデパートの試食品コーナー。新発売のビールとかウィンナーとか、よくやっていますね。化粧品・入浴用品・食品・飲料が4大試供品といわれています。特に女性向け商品が大きな比率を占めています。

ターゲット顧客や提供場所など、成功している試供品をよく観察し、自分の商品にも適用できないか考えてみることは、無駄ではないでしょう。

セミナー

コンサルタントのGさんは、無料セミナーでまず顧客を集めます。ただセミナーを企画しても顧客に伝わりませんから、すでに顧客の名簿を持っている大手企業等と手を組み、集客を図るのが上策です。

あとはセミナーの内容で勝負です。50人の参加者がくれば、そのうち数人でも自分のファンにしてしまう、濃い中身を用意します。

ハートを掴むことに成功すれば、確実に大きな商談につながります。

展示会

1社で展示会をやっても顧客はやってきません。各種主催団体の展示会には多くの人が集まりますので、日頃からアンテナを張ってこれらの情報を掴み、参画の算段をしておくことが重要です。特に役所や諸団体が展示会の音頭をとっていますから、これらに相乗りすることが有効です。

意外に有効なのが、展示会出品企業同士のアライアンスです。呉越同舟、コンペティター（競合他社）でも発想を変えれば提携することも可能です。

メール

メルマガとは別に、紙で配るニュースレターもいい方法です。手書き文字で出せば、書き手のパーソナリティが伝わりやすくなり、顧客の信者化につながります。

メール・メルマガ・ニュースレターなどでは、「イベントを積極的に開催し案内」「タイミングよく御用聞き」「季節・記念日に合わせた案内」を継続的に送ってください。

メールについて、詳しくは「⑭ＩＴマーケティング」の項をご覧ください。

ＤＭ・ＦＡＸ

ＤＭ発送の目的も「既存顧客の維持」がメインとなります。したがって、効果的なＤＭには整備された顧客リスト・顧客データベースが必須です。

ＤＭ・ＦＡＸについて、詳しくは「⑭ＩＴマーケティング」の項をご覧ください。

14 ITマーケティング

ここまででいくつかは述べましたが、ホームページ・Eメールなど、ITの技術を使って各種販促を行うのが、ITマーケティングです。これから起業を考える場合、ITを駆使したマーケティング、特にスマホを絡めた戦略展開は、欠くことができないところまできており、事業計画段階から「ITをどう活用するか」の戦略を立てておく必要があります。

ITを活用したマーケティングには、いくつかの特色・利点があります。

①安い　→自分でホームページを立ち上げれば驚くほど安い費用で販促活動ができます。ITは日進月歩で今後さらに安価になることが期待できます。
②デジタルであること　→アクセス分析や、受注・問い合わせメールと基幹システム・顧客データベースとの直結などができます。
③ネットワークであること　→ホームページなどで双方向連絡、情報共有ができます。掲示板やEメール・メルマガも活用できます。

④マルチメディア（イメージ・音声・動画）が使える→ホームページなどで、商品イメージを静止画像や動画で流せます。

こうしたITの優れた技術を活用すれば、商品開発・顧客開拓・顧客囲い込みなどが安価に早く実現可能となります。左ページの表で、媒体ごとに整理します（◎駆使すべき／○活用を考えるべき）。

業種・業態・規模によっては、専用のソフトウェアやデータベース（CRM＝カスタマー・リレーションシップ・マネジメントなど）を駆使して、さらに強力なマーケティング展開も可能となります。

ホームページ

ホームページによる顧客開拓・顧客囲い込みでは、次の❶～❿がポイントとなります。

❶目的の明確化

社長の「思い」がホームページで発信されていること
販促か、ブランドアップか、会社案内（IR）か、採用か、情報提供か

	ホームページ	Eメール	ソフトウェア	データベース
商品開発	○	○	○	○
顧客開拓	◎	○	○	○
顧客囲込	○	◎	◎	◎

ホームページに載せる商品は何か
ターゲットは誰か（既存顧客・新規顧客）
どのように販促するのか
売り方はBtoBか、BtoCか、BtoBtoCか

❷中身（コンテンツ）の充実

質の充実→社長の想いをホームページで精一杯訴えるなど
量の充実→量が増えるほどデータベースの価値は加速度的に高まる

❸頻繁な更新

旬な情報、斬新な情報を心がける
毎日、毎週、毎月のように更新する。そのために「更新しやすいつくり」にする
情報更新の体制を明確にする（外注か、内製か）

❹商売第一のトップページにする→入口（Portal）を工夫する

配置・色・サイズ・キャッチコピー・写真など様々に工夫し顧客を捉える
（例）珈琲の王国（コーヒーのあれこれを多彩に紹介）
丸賢（おいしそうな松坂肉の写真が話題）

❺容易な操作性

「美しい」「格好いい」ホームページより「みやすい」「要領のいい」構造を目指す

操作性や視認性に優れていること

❻リピーター化↓初めてホームページにアクセスした来客を逃さない

他のサイトにない豊富な情報

多彩な要求に応えうるコンテンツ

訪問の都度、新しさを感じさせる旬な内容

顧客との関係を上手に維持する継続的キャンペーン

顧客からのメールには、社長みずからその日のうちに「心をこめて」返信

（例）ワイナリー和泉屋（メール対応抜群）

東京ウインナー（メール対応抜群）

❼双方向性を駆使↓小企業にとっては有利

掲示板・Eメール・メールマガジン

❽検索エンジンとうまく付き合う（SEO対策）

サイト発見の手段は、検索エンジンによる「キーワード検索」が最も多いので、多くの検索エンジンに的確な「キーワード」を載せるようはかる

❾アクセス分析

いつ、誰か、どれくらい、どういうキーワードで訪問したかを調べる

❿キーワード検索連動広告

アドワーズは、うまく工夫すれば、安価に顧客をホームページに招くことが可能。大手企業と遜色ないＰＲができる

Ｗさんは、保険をネットで売っています。このような業態はどちらかというと少数派であるにも関わらず成功したのは、ネットへの熱意と商品への深い思いからです。その思いを表すキーワードをうまく取り入れた広告で成果を出しています。

各種テクニックを駆使するのも大事ですが、まずは販売したい商品について、売り手の強い思いを反映したページを日々ひたすら増やしていくことが基本となります。

メール

Ｅメールは「安い」「簡単」が魅力ですが、クリック率は年々低下しており、Ｅメールでも既存顧客・会員客の維持に重点を置かざるを得ない状況です。メルマガやブログは、ホームページと同じく、経費があまりかからない広告手段といえます。ホームページとの

連携も有効です。

Eメールやメルマガのコンテンツは、当然ながら読者をひきつける内容であることが必須です。おもしろいと感じてもらえるような、読者の関心を呼ぶ内容にしておけば、リピーターになってくれます。書き方も話しかけるような柔らかな響きが効果的です。

Eメールやメルマガを配信すると、意見や感想などの返事や問い合わせがきます。購買意欲が増してくるようないくつもの返信パターンをあらかじめ用意しておき冒頭に季節の挨拶や、顧客に関係するキーワードをつけるようにします。うまくいけば、1度の取引だけにとどまらず、リピーターになってくれるでしょう。

食品スーパーSは、毎日、スマホやパソコンに「メールチラシ」を送信し、限定セール・注目商品・料理のレシピ・生活役立ち情報を案内します。ネタを顧客から募集、採用されると商品券をプレゼント。結果、チラシ商品の売上は通常の5〜6倍にもなっています。

DM・FAX

「アナログ」な従来手法のDMやFAXは、費用と手間がかかります。1000通送るとすると、人件費込みで1通あたり、FAX-DM=30円、ハガキDM=120円、封書D

M＝170円前後はかかるでしょう。

したがって、DMでもFAXでも、地域・年齢・性別・職業など、送り先顧客の絞り込みが重要です。

既存顧客向けと新規顧客獲得向けでは、発送数・質・内容まですべて異なってきます。
既存顧客向けには数を限定してより詳しい内容で、新規顧客獲得向けでは数を多く、商品・サービスのメリットを強調して作成する必要があります。

DM発送の目的も「既存顧客の維持」がメインとなります。したがって、効果的なDMには整備された顧客リスト・顧客データベースが必須です。

DMを何万通も送付するより、可能な限り送付対象を細分化し、数千通単位で、異なる内容のDMを異なる層に、目的別に送付するのが、最も効果があることがわかっています。

FAX-DMの特色としては、①送信コストが安い（郵便DMの約5分の1のコストで送信できる）、②既に開封された状態で届くので、読まれる可能性が非常に高い（着眼率はほぼ100％の販促ツールです。チラシでは、他社のものと、玉石混淆《こんこう》の混戦が必至ですが、FAX-DMなら狙ったターゲットに直接届きます。このため、送信先会社の誰宛に送ったのかを明記します。「幹事様」「総務課長様」「××御担当者様」といった具合です。③一斉に送信できるので時間がかからない、④原稿があればその日に送信でき、その日にレスポンスがわかる、などが挙げられます。顧客維持につながる定期的なニュースレターの配信用ツールとして活用できます。ＵＲＬをＦＡＸ-ＤＭで告知すれば、サイト誘導が効率的に行えます。ホームページ＋ＦＡＸは、有効な販促方法です。

ＦＡＸ-ＤＭの成功の秘訣は、ズバリその原稿です。みた方が好感を覚え、何をいおうとしているか、広告の主眼がハッキリしていることが重要です。Ａ４・１枚という限られたスペースで上手に表現するためには、「シンプルでわかりやすく、インパクトがある」「見出し文字を工夫する」「まずは〝きっかけづくり〟を目的とし、売り込み色を弱める」などの工夫が必要です。

15 市場調査

◎100人に聞く

起業家が絶対にやるべきこと、それは事業計画書を作成する際には、並行して必ず「100人に聞く」「そのうち、起業前に、顧客または賛同者を出来るだけ多く獲得する」ことです。その過程で「よい商品だ」との評価を得ることができれば、そのビジネスは大いに期待が持てるということです。

ほとんどの起業家は、起業前の顧客獲得の努力を怠っています。

自分の販売計画が見込みどおりいくかどうか検証するために「ターゲット顧客に聞く」ことは必須です。聞く時は、顧客の視点に立って、自社の商品の特徴（ポジション、KFS）を説明し、その反応を聞きます。このとき顧客は、自分にメリットがなければ、当然「買います」とは言ってくれません。「顧客は自分の商品のどこに興味を感じるか？」「どうしたら自分の商品を買ってくれるのか？」

ターゲット顧客の生の声を聞いているうちに、問題点の有無に気づいてきます、顧客が困っていること、顧客が抱えている問題などを的確に捉え、どうすれば自分の商品を購入してくれるのか、欠けているポイントは何かを探りだすのです。

「2：6：2の法則」のとおり、物事に対して、2割の人は関心を示し、6割は無関心、残り2割は拒否反応を示します。少なくとも2割とか1割くらいのターゲット顧客には、自分の商品に関心を示して欲しいものです。

誰一人興味を示さないようであれば、それは「よほど画期的」な商品か、あるかは「全く見込みがない」か、いずれかです。誰からも「買わない」といわれたら、たいがいは作戦を練り直して出直したほうが賢明です。

なぜなのか原因を突きつめてください。「なぜ顧客は自分の商品を買ってくれないのか？」「何が原因でそうなったのか？」「それはなぜなのか？」自分が納得するまで、なぜなぜ問答は続けてください。

なお、きわめて技術革新的な新商品の場合は、特許や実用新案を申請してから、市場の意見を聞いたほうが賢明でしょう。委託予定先メーカーなどに打診する場合も、事前に秘密保持契約を結ぶのが一般的です。

もっとも、マネされるのはその商品・サービスに価値があるためで、むしろそれは喜ばしいことというべきかもしれません。模倣品やサービスが登場する前に、こちらは競合先の半歩も一歩も先を行けばよいのです。

◇現場に出よう

現場で、現物で、現実的に考える（三現主義）。これが基本です。

ターゲット顧客に聞きにいく、取引予定先や競合先を訪問する、タウンウォッチングで顧客をみる、展示会・セミナーに出向く、異業種交流会に参加する、など、可能な限り、現場に出て情報を集めるべきです。

「叩かねば戸は開かない。訪ねなければ意見は聞けない」とは、アサヒビールの社長となって全国の酒店を回り、自社の商品への反響を確かめ、新商品の試飲会での反応を聞き、あのスーパードライを開発・大ヒットさせた、樋口廣太郎氏（１９２６~２０１２）の言葉です。

机上でいくら事業計画を練っても、たいした足しにはなりません。現場に出て、現物で、現実的に考えることで初めて、地に足のついた計画ができあがります。

「現場で」ターゲット顧客にプレゼンをする、意見を聞くことがとても大事です。

◇起業前に顧客をみつける

ほとんどの起業家は、会社を創ってから顧客を探し始めます。しかし、起業直後から顧客がつくことなどまれで、「石の上にも3年」、事業が本格的に軌道に乗るまで数年かかることもあります。起業当初の出だしですぐにくじけないためにも、自分の志・企業理念が必要なのです。

このように起業直後に苦労している起業家が多いのですが、一方、成功している起業家の何割かは、実は、起業前にすでに顧客をみつけています。事業計画を練り上げ、市場調査をしていく過程で見込み客を見方にし、顧客にしてしまうのです。

何のために起業するのか尋ねると「会社を創りたいから」とか「社長になりたいから」という人がいます。起業の目的は会社を創ることではなく、顧客を創ることです。顧客をみつけてから会社を創ってください。

事業計画段階で顧客がみつけられるということは、顧客に受け入れられるいい商品・サービスが開発できているということにほかなりません。

顧客がついていれば、やみくもに事前に投資したり、見込みで商品を仕入れたり、見込みで生産したりといった場合にかかってしまう償却費や在庫管理費を抑えることもできます。融資を申し入れる際にも、「顧客がついている」という収益の見通しが立っていることで、希望どおりの額の融資を受けやすくなります。

起業前に顧客を見つけるパターンとして、次の3つのケースが考えられます。

ケース1　事業計画の段階で、商品・サービスの説明を周囲の人に行い、起業前に「買いましょう」と言ってもらえている。

常識的には、新商品・新ビジネスには、ほとんど誰も見向きもしてくれません。前述の「2：6：2の法則」から、新ビジネス・新事業なら、話した相手の少なくとも1～2割程度の人の賛同は得たいものです。全く見込みのない計画であるが故、誰も興味を示してくれないようなら、計画の練り直しが必要です。

Sさんは学生時代にシステムを開発し、企業に売り込みが成功してから会社を創業し、初年度から黒字経営を実現しました。今では一部上場まで果たしています。

ケース2　現職の会社の自分の顧客を譲ってもらって起業する。

この場合、円満退職でなければ、顧客を奪ったとして、訴えられることがあります。そうならないよう、いったん白紙で退職し、最初から販促活動をやり直し、そのなかに前職での顧客がたまたま入ってきた、という形をとる方法もあります。

Iさんは広告代理店に勤務していましたが、当時の優良顧客向けに、自分で同じく広告代理店を創業することを計画しました。事前にトラブルが懸念されたため、弁護士と相談し、万事整えたうえで会社に独立を伝えました。幸い理解を得られ、当時の顧客を円満に譲ってもらいスムーズに起業。初年度から黒字経営を実現しました。

ケース3　週末起業で顧客を確保してから起業する。

会社に籍を置きながら、土日や夜間に別のビジネスを行う方法です。最近は以前より理解が得られやすくなってきたものの、副業禁止の会社も少なくないので、週末起業をする場合は、就業規則や入社時の誓約書などを十分にチェックしてから行動してください。

Kさんはシステム会社に勤務していましたが、その傍らネット販売会社を週末起業。2年間の実績を積み、顧客を確保してから正式に起業しました。

起業前に顧客をみつけましょう！　起業するのはそれからです！

STEP 3

事業計画書の作成

STORY 3 起業のためには最低限の自己資金は必要

肝要なのは達成可能な数字であることだ
それってどうやったらわかるんですか？

斎藤さぁん 送ったのちょっと見てもらえます？
あ…はい
STORY 3
起業のためには最低限の自己資金は必要
斎藤さん！今日の会議なんですけど…
あっはい
斎藤さ～ん
はい！
斎藤さ～ん!!
は…はいいっ!!

つ…
つかれた
自分のアプリ…進めなきゃ
…ああやばい
そろそろ連絡を…
チカ
チカ
…もしもし？
ああ先輩!!
もうこの一ヶ月ばかりメッセもだんだん返してくれなくなって…どうしてるのかと思いましたよ！
大丈夫ですか？
仕事の依頼受けまくっちゃって…

貯金が心もとなくなってきて…
えっ じゃあ こっちのアプリの方は？
ほとんど進んでない…
そうなんですか～ 私100人アンケート30人くらい聞きましたよ
どうだった？
それがですね… そもそもジムに通ってる人が限られるせいか皆ピンとこないみたいで…
私含めて「ほしい」って返事は3人です
しかも私に気を使って「ほしい」って言ってる可能性ありますからね
だよねえ…
知り合いだとどうしても

それにしても生活費の問題だよなぁ…
おじさんに言われた「週末起業から始めろ」ってこういうことなんだろうな…
深く考えずに始めちゃったよ
で…でも私は今回のアプリ欲しいです！
頑張ってください
…って言うのは簡単ですよね…
いやぁ…お手伝いしてくれるだけでありがたいよ
じゃあ…ありがたいついでに分析資料見てくれるかな
もちろんもちろん！
フワァ…ありがとう空き時間で見て軽くコメントつけてもらえればいいから

ピッ
どれどれ…
SWOT分析とSTP分析…マーケティング4P…
えっ こんなにあるの!?
先輩頑張ったなぁ…
ヤリヤリ

Riverside coffe
う〜ん…
カチカチ
おっと
長居になりそうだから追加注文するか…
あ!! あの…!
先輩がいつもお世話になってます……!
あのメガネの…
ああ! 彼のパートナーさんか
彼はどうしたの? 最近みかけないけれど
じつは…

…うん
そうだね
よく頑張っている分析だ
こんなに一所懸命なんだから私も力になりたくて……
君みたいな協力者がいて彼も幸せだね
先輩は昔からそうなんです
器用じゃないけどここぞというときには全力なので
なんだか協力したくなるんですよ
学生時代のアプリコンテストも大きな賞こそ獲れなかったけど
勝手に10本も新しく作ってましたから
……
今度は私の番だと思うんです

中期計画を立てよう
起こす書面としては売上計画表と財務3表だ
数字は現実的なものであるべきだね…融資機関がみて「真剣に考えているな」と思われる必要がある
だが基本は自己資金だ
自己資金…先輩に足りなかったものですね
そうだね自分の貯蓄や親から借りるなど
まず負担の少ない方法で自己資金を用意することを考えよう
自己資金がふんだんにあった方がいいのは言うまでもない
coffee

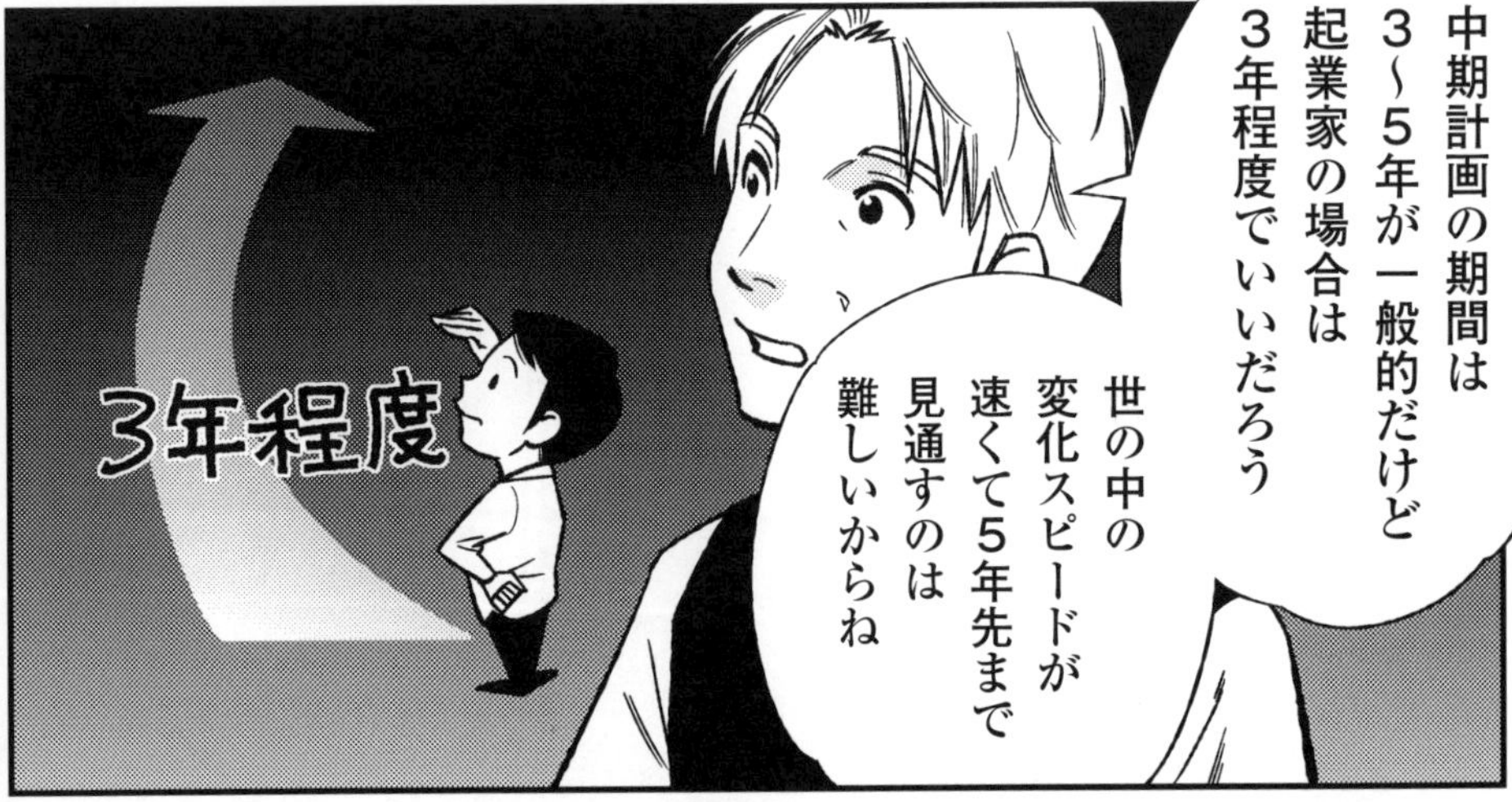
中期計画の期間は
3～5年が一般的だけど
起業家の場合は
3年程度でいいだろう
世の中の
変化スピードが
速くて5年先まで
見通すのは
難しいからね
3年程度

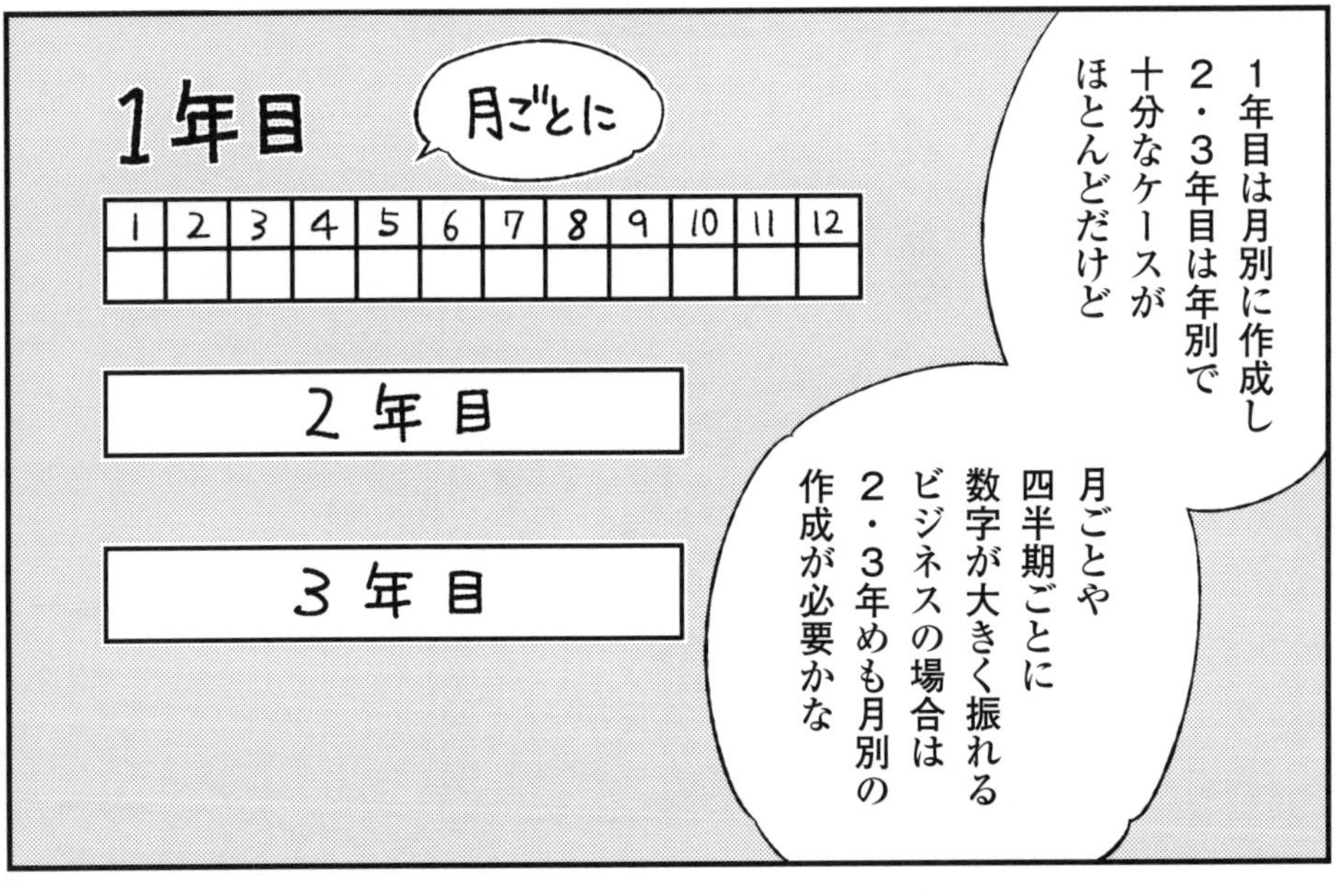
1年目は月別に作成し
2・3年目は年別で
十分なケースが
ほとんどだけど
月ごとや
四半期ごとに
数字が大きく振れる
ビジネスの場合は
2・3年めも月別の
作成が必要かな
1年目
月ごとに
1 2 3 4 5 6 7 8 9 10 11 12
2年目
3年目

売上計画表について

肝要なのは
達成可能な
数字である
ことだ
それって
どうやったら
わかるんです
か？

そんな簡単に売上が予測できたら苦労しないと思うんですが…
う〜ん これぱっかりはね…
以前言った商品計画・価格計画販促計画・流通計画の検討を経て推測されることもあるし
業界の平均値から予測できることもある…とにかく調べるしかない
そうかぁ…この意味でも「始める前に顧客をつかまえておく」のは重要なんですね
そこから売上などの予測もできますし
TEST 1ヵ月 ¥
年では ¥ ×12
かな？
売上計画はベストシナリオとそれを半分にまで落としたワーストシナリオを考えよう
BEST
WORST
そしてワーストシナリオを現実案として採用するくらいが妥当だ
関係者に見てもらってより現実的な案に落とし込んでいってほしい

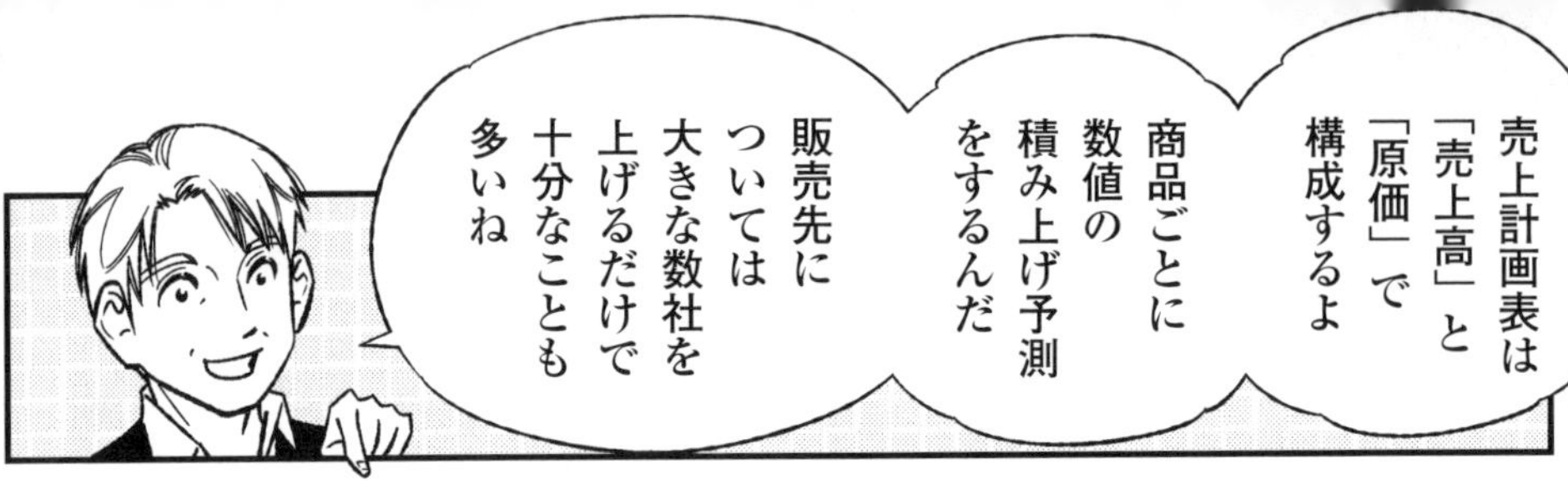
売上計画表は「売上高」と「原価」で構成するよ
商品ごとに数値の積み上げ予測をするんだ
販売先については大きな数社を上げるだけで十分なことも多いね

・目標売上計画表

（千円）

全商品	1月目	2月目	3月目	4月目	11月目	12月目	1年目合計	2年目合計	3年目合計
売上計　A～D	400	700	1,100	1,300	6,300	6,300	44,400	63.000	71,300
原価計　A～D	140	260	400	480	2,450	2,450	17,130	21,000	23,750

A商品

		1月目	2月目	3月目	4月目	11月目	12月目	1年目合計	2年目合計	3年目合計
単価	①	50	50	50	50	50	50	50		
数量 ③+④+⑤	②	6	8	10	10	40	40	290		
販売先:A社　担当X	③	4	6	7	7	30	30	214		
販売先:B社　担当Y	④	2	2	2	2	7	7	53		
販売先:C社他　担当Z	⑤			1	1	3	3	23		
売上高 ①×②	⑥	300	400	500	500	2000	2,000	14,500	30,000	33,000

①		⑦		⑪=⑩÷①	
単価	50	材料費	5	原価率	0.30

B商品

		1月目	2月目	3月目	4月目	11月目	12月目	1年目合計	2年目合計	3年目合計
単価	①	100	100	100	100	100	100	100		
数量 ③+④+⑤	②	1	2	2	10	23	23	153		
販売先:A社　担当X	③	1	2	2	7	14	14	102		
販売先:D社　担当Y	④				2	6	6	39		
販売先:E社他　担当Z	⑤				1	3	3	12		
売上高 ①×②	⑥	100	200	200	1,000	2,300	2,300	15,300	3,000	3,000

①		⑦		⑪=⑩÷①	
単価	100	材料費	20	原価率	0.50

C商品

		1月目	2月目	3月目	4月目	11月目	12月目	1年目合計	2年目合計	3年目合計
単価	①	100	100	100	100	100	100	100		
数量 ③+④+⑤	②	0	1	3	3	10	10	75		
販売先:A社　担当X	③		1	3	3	7	7	56		
販売先:F社　担当Y	④					2	2	13		
販売先:G社他　担当Z	⑤					1	1	6		
売上高 ①×②	⑥	0	100	300	300	1,000	1,000	7,500	15,000	17,000

①		⑦		⑪=⑩÷①	
単価	100	材料費	20	原価率	0.40

【売上高】
基本的には「単価×数量」だけど商品によってはこのような算式を用いる
ふむ
①設備の生産能力×設備数　：部品製造業、印刷業、運送業など
②面積あたりの売上高×売場面積　：食品・日用品小売など
③客単価×席数×回転数　：飲食、理容、美容業など
④一人あたり売上高×従業員数　：自動車販売、化粧品販売など

【原価】
一般的には「売上高×原価率」で計算するよ
原価率は業種や商品によって異なるから業界平均値をもとに自社の考え方を加味しよう
業界平均値
うちはもう少し原価が下げられるかな

…なんだか大変ですね…！
うん
予測だから完璧ではないけど甘い見通しで始めるよりはずっといい
さてこれからがもっと大変だ
中期収支計画として3年分のP／L C／F B／Sを作成するよ
財務3表ですね？
P／L 損益計算書
C／F キャッシュフロー計算書
B／S 貸借対照表
そう目標値としての財務諸表をつくるんだ

目標P／L（損益計算書）について

	費目		備考	1月目	2月目
	売上高	①			
変動費	原価	②			
	材料費				
	仕入商品				
	外注費				
	変動経費	③			
	販促費				
	荷造運搬費				
	販売手数料				
	変動費計	④	②＋③	0	
	限界利益	⑤	①－④	0	
固定費	原価	⑥		6	
	労務費				
	減価償却費			6	
	修繕費				
	消耗品費				
	販売費・一般管理費	⑦		3,386	
	役員報酬		3名×300	900	
	人件費（給与）		2名×300	600	
	人件費（社会保険料）		会社負担		
	人件費（雇用保険）		年払、立替回収	324	
	通勤交通費			50	
	家賃		当初・礼金1カ月	200	
	光熱費・通信費				
	備品費				
	事務用品・消耗品費				
	租税公課他		当初・登記費300		
	固定費計	⑧	⑥＋⑦		
	経費合計	⑨	④＋⑧		
	営業利益	⑩	①－⑨		
	営業外収益		受取利息		
	営業外費用		支払利息		
	経常利益	⑪			
	特別利益				
	特別損失				
	税引前利益	⑫			
	法人税等				
	税引後利益	⑬			
	前期繰越利益	⑭			
	当期未処分利益	⑮			

限界利益率	⑯	⑤÷①	
損益分岐点売上高	⑰	⑧÷⑯	

売上計画に基づいて算定する

変動費と固定費に分けて検討する

複数事業を起業する場合は事業別に利益を把握する

本業の利益を借入金の利息で食いつぶさぬよう注意

中期的な利益予想で上振れか下振れか予想を立てておくことが重要

一時的なものとそうではないものとをハッキリ分けて把握

損益分岐点についても明確にする

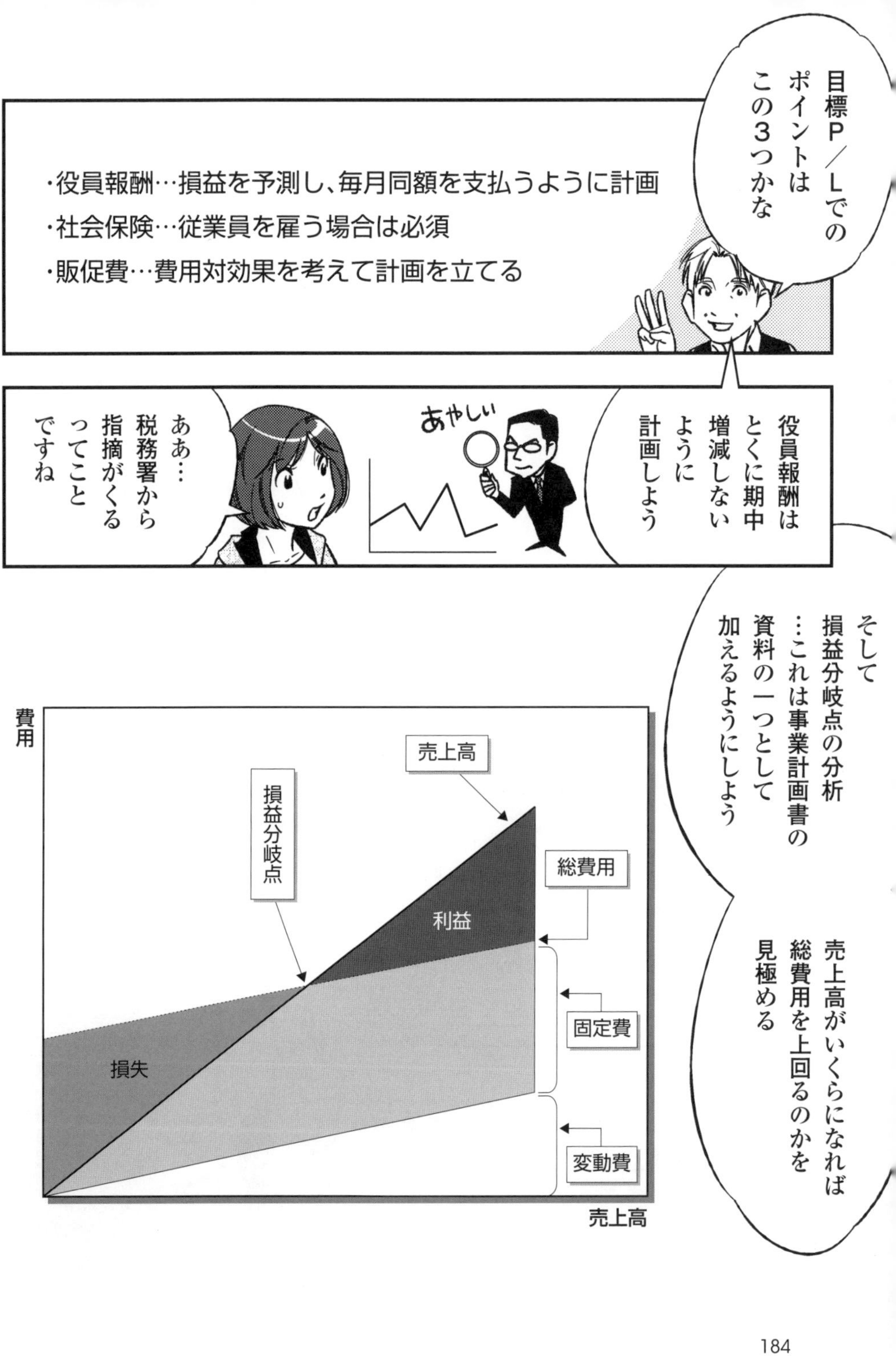
目標P／Lでのポイントはこの3つかな
・役員報酬…損益を予測し、毎月同額を支払うように計画
・社会保険…従業員を雇う場合は必須
・販促費…費用対効果を考えて計画を立てる
役員報酬はとくに期中増減しないように計画しよう
あやしい
ああ…税務署から指摘がくるってことですね
そして損益分岐点の分析…これは事業計画書の資料の一つとして加えるようにしよう
売上高がいくらになれば総費用を上回るのかを見極める
費用
売上高
損益分岐点
総費用
利益
固定費
損失
変動費
売上高

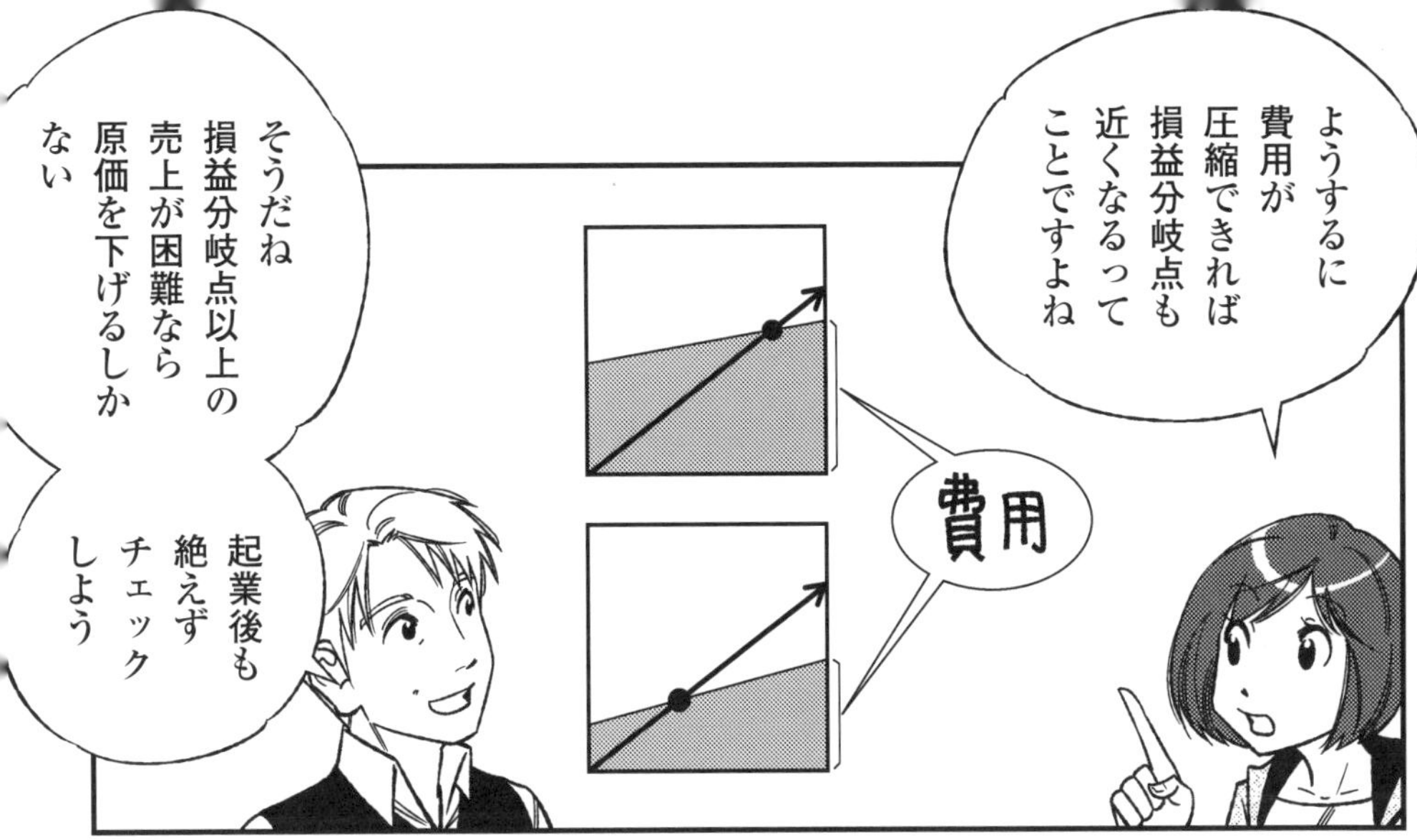

目標C／F（キャッシュフロー計算書）について

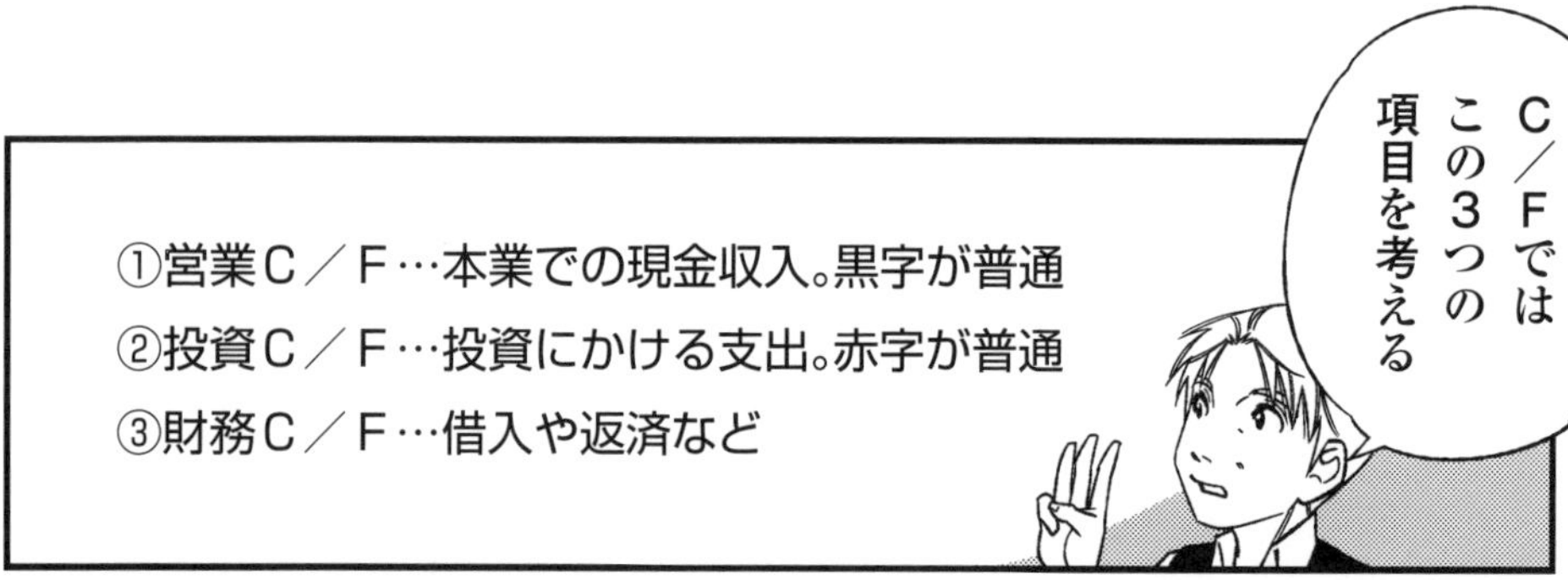

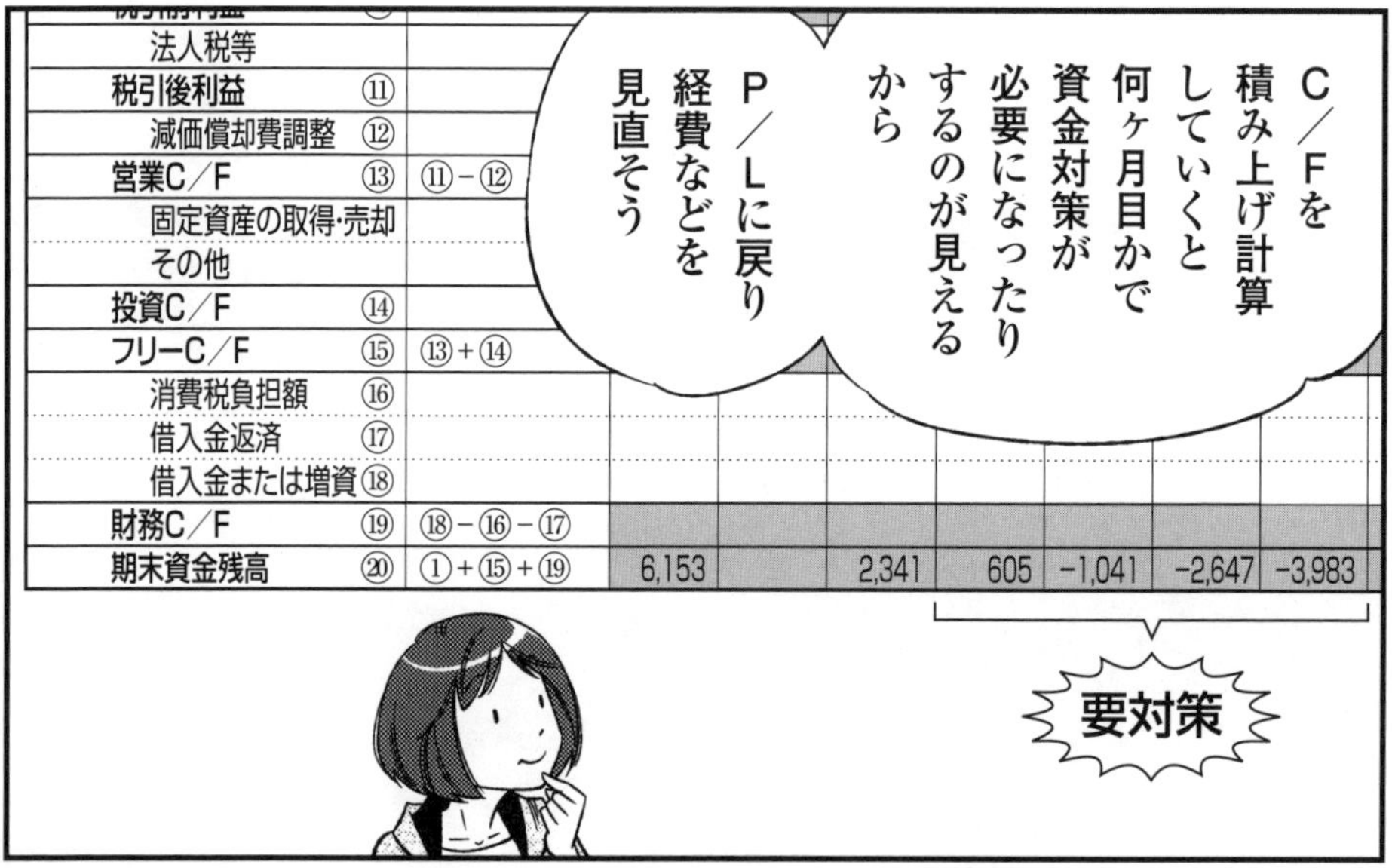

法人税等									
税引後利益	⑪								
減価償却費調整	⑫								
営業C／F	⑬	⑪－⑫							
固定資産の取得･売却									
その他									
投資C／F	⑭								
フリーC／F	⑮	⑬＋⑭							
消費税負担額	⑯								
借入金返済	⑰								
借入金または増資	⑱								
財務C／F	⑲	⑱－⑯－⑰							
期末資金残高	⑳	①＋⑮＋⑲	6,153		2,341	605	−1,041	−2,647	−3,983

目標B／S（貸借対照表）について

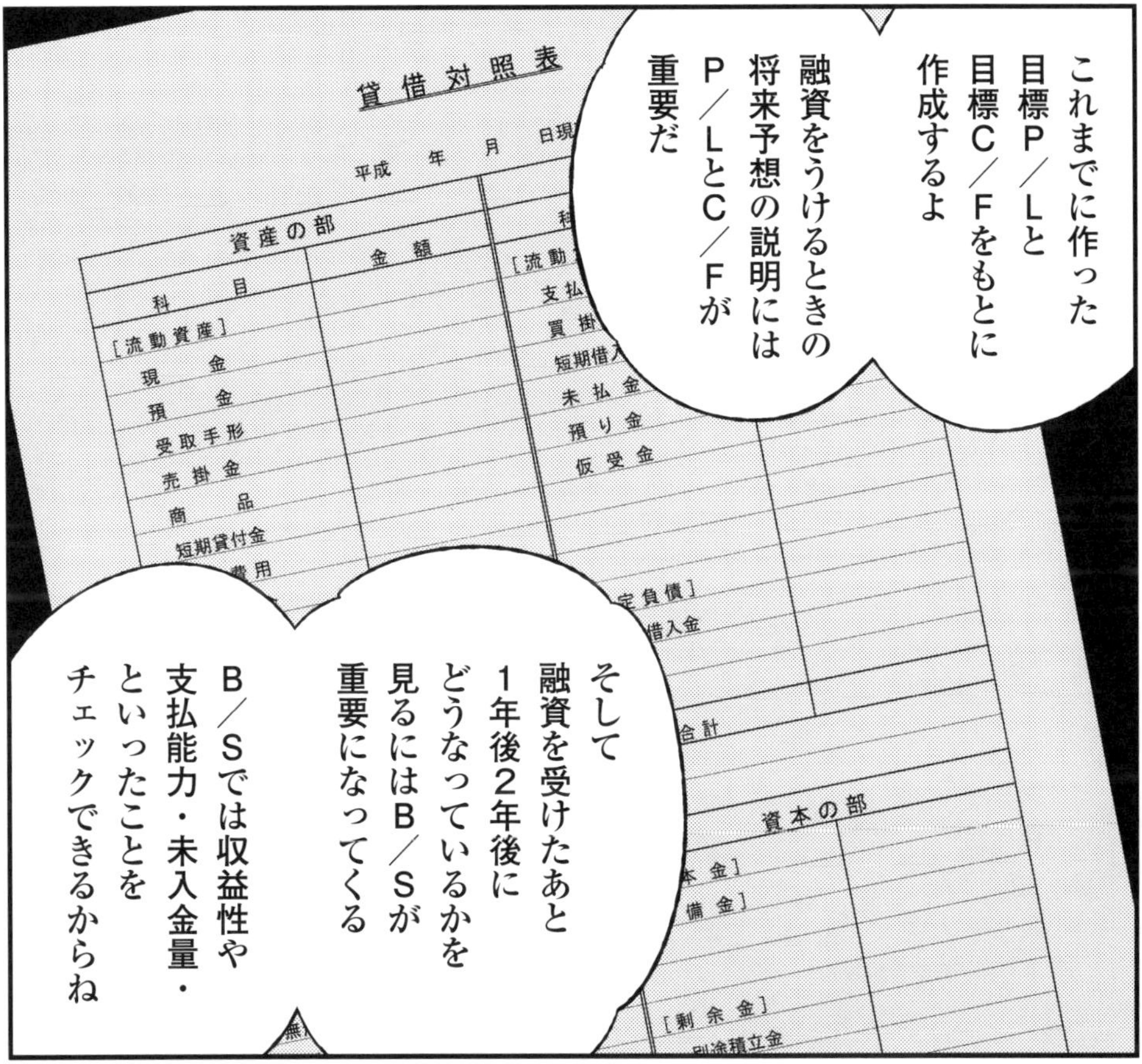

借入

(千円)

	費目	備考	1年目	2年目	3年目
流動資産	現金・預金・有価証券		6,084	16,161	28,238
	受取手形・売掛金		6,000	6,000	6,000
	棚卸資産				
	その他流動資産				
	計 ①		12,084	22,161	34,238
固定資産	有形固定資産	建物・備品等	288	216	144
	無形固定資産	利用権、商標権			
	投資等		100	100	100
	計 ②		388	316	244
借方合計 ①+② ③			12,472	22,477	34,482

資産では
経年の現預金の
増減推移をみる
ことができる

売掛金の増加は
回収が遅れている
ことをあらわし
貸付金があれば
どこに貸しているか
が示される

貸入

	費目	備考	1年目	2年目	3年目
流動負債	支払手形				
	買掛金		2,300	2,300	2,300
	短期借入金	1年未満			
	未払法人税		150	1,700	2,900
	その他流動負債				
	計 ④		2,450	4,000	5,200
固定負債	長期借入金	1年以上	2,950	2,350	1,750
	長期未払金				
	その他固定負債				
	計 ⑤		2,950	2,350	1,750
資本	資本金		10,000	10,000	10,000
	資本・利益準備金				
	繰越利益剰余金		−2,928	6,127	17,532
	計 ⑥		7,072	16,127	27,532
貸方合計 ④+⑤+⑥ ⑦			12,472	22,477	34,482

負債・資本では
たとえば1年後に借入金が
どれくらいあるか？

返済予定は予定通りに
進捗しているか？
などがわかる

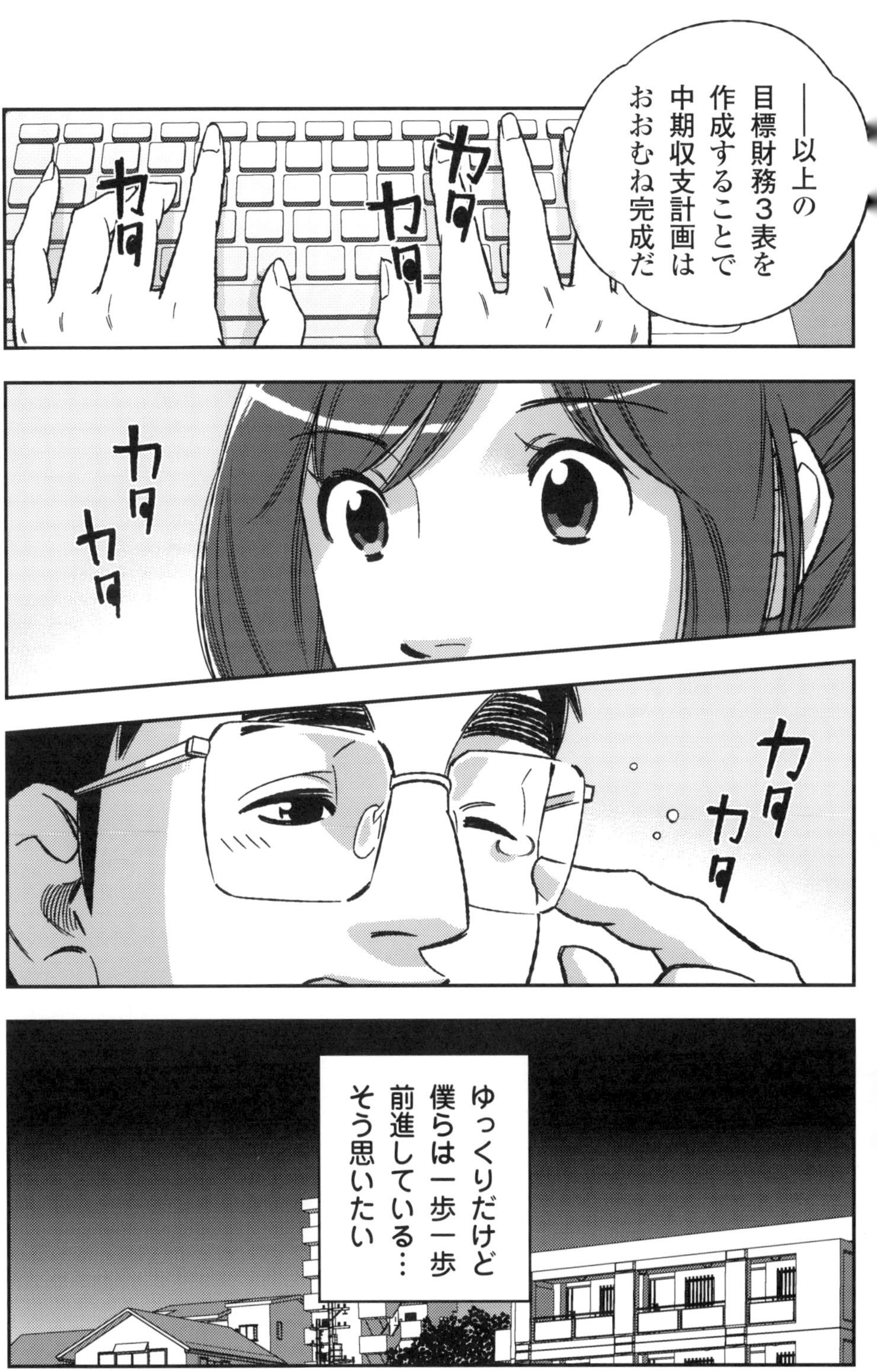
――以上の
目標財務3表を
作成することで
中期収支計画は
おおむね完成だ
カタ
カタ
カタ
カタ
カタ
カタ
カタ
ゆっくりだけど
僕らは一歩一歩
前進している…
そう思いたい

16 5W2H

STEP2で、マーケティングとは、「顧客ニーズに応える製品・サービスをつくり、顧客に受け入れられる価格をつけ、顧客への販売経路・仕入経路を開発し、顧客への販売促進策を実施していく総合的マネジメントのこと」で、すなわち事業計画そのものである、ということがおわかりいただけたと思います。

計画を立てる時は、5W（Why／What／Who／Where／When）、2H（How／How much）で作ることが賢明です。

特に、「Who／誰が」「When／いつまでに」「What／何を」を明確にすることが重要です。この「誰が」を曖昧なままで計画を作ると、実施段階では皆「日常」業務に追われ、新規案件・重要案件が後回しにされかねません。

計画を決める時は、当事者全員を巻き込んで、納得いくまで議論・検討を重ね、皆の合意の得られた事業計画にすることが絶対要件です。

「誰が」「いつまでに」「何を」やるか、「誰に」「いつ」「何が」売れそうか、が見えてくれば、おのずと売上と経費は「How much／どれくらい」かもはっきりしてきます。

以上の各ステップを経て、

❶目標売上高
❷予想P／L（損益計算書）
❸予想C／F（キャッシュフロー）
❹予想B／S（貸借対照表）

を作成します。これらはいずれも、3年の中期計画と1年の年度計画を立てることが望ましいといえます。

17 目標売上高の作成

１００人に意見を聞き、起業前に顧客をみつけるべきことは先述しました。マーケティングの４Ｐの大切さも述べてきました。こうしたマーケティングの王道を踏んだ検討を経て、いよいよ現実的に売上目標の作成へと進むことになります。

売上高は、まず商品ごとに単価×数量の予測をして行います。それぞれの商品を販売先別にきちんと予測することが重要です。「２：８の法則」流にいえば、上位２割の販売先で売上の８割を占めるわけで、上位数社を挙げるだけで事足りることも少なくありません。原価も売上高×原価率で計算します。

起業家がよく犯す誤りは、甘い売上予想です。顧客がついていない売上予想の場合は、「話半分」で、少なくとも半額程度に修正して作り直すことをお勧めします。

売上計画策定・見直しの過程で、社員や協力者、仕入先も巻き込むことができれば、関係者の一体感の醸成にもつながります。

目標売上計画表

（千円）

全商品	1月目	2月目	3月目	4月目	11月目	12月目	1年目合計	2年目合計	3年目合計
売上計　A〜D	400	700	1,100	1,300	6,300	6,300	44,400	63,000	71,300
原価計　A〜D	140	260	400	480	2,450	2,450	17,130	21,000	23,750

A商品		1月目	2月目	3月目	4月目	11月目	12月目	1年目合計	2年目合計	3年目合計
単価	①	50	50	50	50	50	50	50		
数量 ③+④+⑤	②	6	8	10	10	40	40	290		
販売先:A社　担当X	③	4	6	7	7	30	30	214		
販売先:B社　担当Y	④	2	2	2	2	7	7	53		
販売先:C社他　担当Z	⑤			1	1	3	3	23		
売上高 ①×②	⑥	300	400	500	500	2000	2,000	14,500	30,000	33,000

①		⑦		⑪=⑩÷①	
単価	50	材料費	5	原価率	0.30

B商品		1月目	2月目	3月目	4月目	11月目	12月目	1年目合計	2年目合計	3年目合計
単価	①	100	100	100	100	100	100	100		
数量 ③+④+⑤	②	1	2	2	10	23	23	153		
販売先:A社　担当X	③	1	2	2	7	14	14	102		
販売先:D社　担当Y	④				2	6	6	39		
販売先:E社他　担当Z	⑤				1	3	3	12		
売上高 ①×②	⑥	100	200	200	1,000	2,300	2,300	15,300	3,000	3,000

①		⑦		⑪=⑩÷①	
単価	100	材料費	20	原価率	0.50

C商品		1月目	2月目	3月目	4月目	11月目	12月目	1年目合計	2年目合計	3年目合計
単価	①	100	100	100	100	100	100	100		
数量 ③+④+⑤	②	0	1	3	3	10	10	75		
販売先:A社　担当X	③		1	3	3	7	7	56		
販売先:F社　担当Y	④					2	2	13		
販売先:G社他　担当Z	⑤					1	1	6		
売上高 ①×②	⑥	0	100	300	300	1,000	1,000	7,500	15,000	17,000

①		⑦		⑪=⑩÷①	
単価	100	材料費	20	原価率	0.40

D商品		1月目	2月目	3月目	4月目	11月目	12月目	1年目合計	2年目合計	3年目合計
単価	①	50	50	50	50	50	50	50		
数量 ③+④+⑤	②	0	0	2	4	20	20	142		
販売先:A社　担当X	③			2	4	14	14	102		
販売先:D社　担当Y	④					5	5	34		
販売先:G社他　担当Z	⑤					1	1	6		
売上高 ①×②	⑥	0	0	100	200	1,000	1,000	7,100	15,000	18,000

①		⑦		⑪=⑩÷①	
単価	50	材料費	15	原価率	0.30

18 目標P／L（損益計算書）の作成

◎目標P／L作成の考え方

中期収支計画として、3年間分のP／L、B／S、C／Fを作ります。1年目は年度予算を兼ねるため、月別に策定します。目標P／L（Profit and loss statement：損益計算書）では、損益分岐点を把握するために経費は変動費と固定費に分けて作ることがポイントです。

196ページ図の例では、変動費に販促費を計上してあります。売上に比例して広告費が増えるという想定です。固定費では、役員報酬が当初は大きな比率を占めると思いますので、その金額はよく検討してください。

役員報酬

毎期前に新決算期の損益を予測し、役員報酬を決めて毎月同額を支払うように計画します。利益が増えたり減ったりしたからといって期中に増減すると税務署の指摘を受けます。計画上、利益が見込めない場合は役員報酬をゼロとする必要も生じます。それでも自分自身の家計が持ち堪えられるか検討しておくことが必要です。

社会保険

社会保険料は金額もかさみますから当初からきちんと積み上げ計算を行ってください。従業員を雇う場合、必須の費用となります。身内だけで起業する同族会社の場合、あえて保険料が安い国民健康保険と国民年金に加入している例もありますが、これは違法です。

販促費

起業家が悩むのは販促費です。特に自社の商品をお客様にＰＲする費用は業種業態によっては大きな金額になります。例えば、１万通のＤＭを出すと印刷・郵送費用は数百万円となります。引き合いは、せいぜい数件でしょうから、それだけで成り立つような高額な商品でないとペイしないことにもなります。対費用効果を考えて、計画を立てることが重要です。

◇損益分岐点分析で変動費と固定費を考える

目標Ｐ／Ｌを作る場合、損益分岐点分析は欠かせません。損益分岐点分析の結果を事業

目標P/Lシート作成の考え方

	費　目		備考	1月目	2月目
	売上高	①			
変動費	原価	②			
	材料費				
	仕入商品				
	外注費				
	変動経費	③			
	販促費				
	荷造運搬費				
	販売手数料				
	変動費計	④	②+③	0	
	限界利益	⑤	①−④	0	
固定費	原価	⑥		6	
	労務費				
	減価償却費			6	
	修繕費				
	消耗品費				
	販売費・一般管理費	⑦		3,386	
	役員報酬		3名×300	900	
	人件費（給与）		2名×300	600	
	人件費（社会保険料）		会社負担		
	人件費（雇用保険）		年払、立替回収	324	
	通勤交通費			50	
	家賃		当初・礼金1カ月	200	
	光熱費・通信費				
	備品費				
	事務用品・消耗品費				
	租税公課他		当初・登記費300		
	固定費計	⑧	⑥+⑦		
	経費合計	⑨	④+⑧		
	営業利益	⑩	①−⑨		
	営業外収益		受取利息		
	営業外費用		支払利息		
	経常利益	⑪			
	特別利益				
	特別損失				
	税引前利益	⑫			
	法人税等				
	税引後利益	⑬			
	前期繰越利益	⑭			
	当期未処分利益	⑮			

限界利益率	⑯	⑤÷①	
損益分岐点売上高	⑰	⑧÷⑯	

売上計画に基づいて算定する

変動費と固定費に分けて検討する

複数事業を起業する場合は事業別に利益を把握する

本業の利益を借入金の利息で食いつぶさぬよう注意

一時的なものとそうではないものとをハッキリ分けて把握

中期的な利益予想で上振れか下振れか予想を立てておくことが重要

損益分岐点についても明確にする

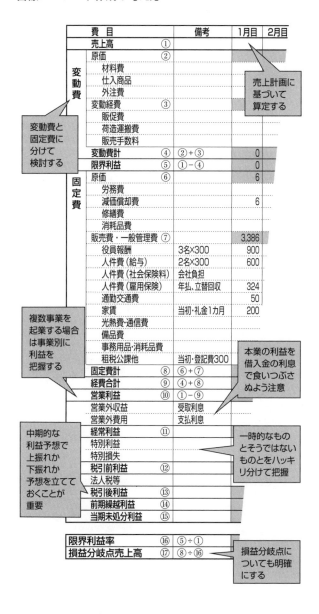

損益分岐点分析

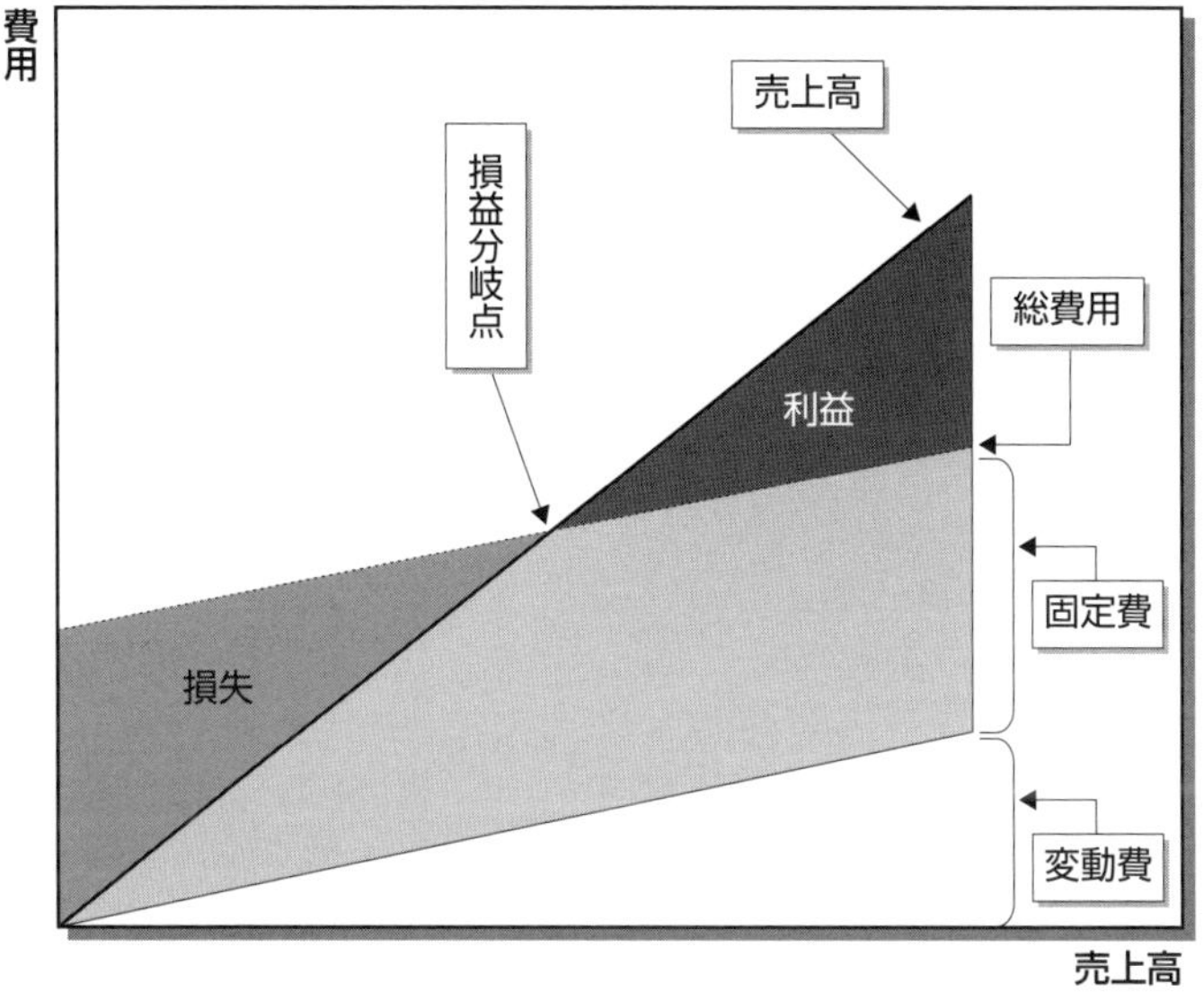

計画書の資料の1つとして加えるようにしてください。

上図の通り、売上高が総費用（変動費＋固定費）をカバーしてはじめて損益トントンになります。これが損益分岐点です。売上高がいくらになれば利益が出るのかを見るのが損益分岐点分析です。売上を最大に、変動費を定率かつ最小に、固定費を最小にするように計画することが大切です。

変動費とは次のものをいいます。

原価（仕入高）：原材料費、仕入商品費、外注加工費

変動経費：販売手数料、荷造運搬費、販促費

特にネット販売業では販促費が多額

になりがちです。安易に従来型の広告を実施する前に、インターネットを活用したＩＴマーケティングなど、新しい安価な販促手段も考慮してください。

固定費とは次のものをいいます。

原価：労務費、減価償却費、修繕費、消耗品費など

販売費・一般管理費：人件費、広告宣伝費、減価償却費、交通費など

企画関連の頭脳的費用は削れませんので、オフィス費用や設備費などを徹底的に抑制しましょう。

損益分岐点以上の売上が困難ならば、原価を下げるしかありません。変動費の原価を下げるか、固定費の原価を下げるか、いずれかです。起業後も絶えずチェックして、引き下げる努力が必要です。

19 目標C／F（キャッシュフロー計算書）の作成

起業時は特に目標C／Fに注意が必要です。なぜなら、事業の血液であるキャッシュフローを見るのが目標C／Fだからです。

目標P／L上で赤字になることは大問題ではないのですが、目標C／F上で赤字、すなわち現金がなくなれば支払いができず、事業経営は即破綻です。

P／L上で利益が出ていても、売掛金の回収ができなければ「勘定合って銭足らず」でアウト。

起業時は、仕入れの支払は現金を要求され、入金は先延ばしの掛け入金を余儀なくされます。

向こう1年のキャッシュフローを細部にわたって予測し、資金ショートが想定される場合は、遅くとも半年前に行動を起せるよう、C／Fはきちんと作成します。

20

目標B／S（貸借対照表）の作成

これまでに作った目標P／Lと目標C／Fをもとに目標B／Sを作成します。

売掛金、買掛金はP／Lと違い、入金・出金の月ずれを考慮して記載します。借入金はいついくらになっているかも予想し、記載します。

目標B／Sを作成すると、起業後の会社の方向がP／Lとは違った角度で明確にすることができます。

P／L、B／S、C／Fの3表は融資を申し込む時や、賛同者に出資を依頼する時に、事業計画を説明する書類の一部として欠くことはできません。

将来予想の説明にはP／LとC／Fが重要になります。融資・出資を受けた後の1年後、2年後にどうなっているかを説明するためにはB／Sが必要になります。

21 資金計画

資金については、開業資金のうち自己資金が多いに越したことはありません。まずは、計画的に自己資金をしっかり貯めることです。少なくとも必要資金の半分は自己資金で賄《まかな》うくらいの気概を持たないと落第です。資金調達先は、次のデータもあります。

◎親・兄弟・親戚	28%
◎賛同個人・法人	11%
◎民間金融機関	10%
◎自治体・公的機関	7%
◎リース・ローン・設備手形	7%
◎友人・知人	6%

公的機関を使うなら、日本政策金融公庫、各自治体などの融資制度を活用しましょう。

起業時は、担保を用意したり、保証人を探すのが難しいので、日本政策金融公庫の創業者向け無担保・無保証人融資制度はありがたい存在です。

スムーズな借り入れのポイントは「顧客がついている」こと。要は収支見通しがついていて、返済がきちんと行われることです。顧客との契約状況一覧表が示せれば理想的です。資金調達を出資に仰ぐより融資を受ける（借金にする）ほうをお勧めします。借金は返さねばならず、甘えが許されなくなります。それくらいの気構えが必要です。

どうしても足りない時に初めて「出資」を考えることです。出資を受ければ、経営に関して指図を受けることにもなり、資金を出してもらった株主には定期的に説明のための総会を開催し、経営内容の開示が必要になります。経営が軌道に乗れば、配当も必要です。

資金調達方法には、借金だけでなく、補助金や助成金などの方法もあります。近くの役所を何ヶ所か回って調べるとよいでしょう。また、今はどの役所・機関もホームページで情報を流していますから、まずはホームページで調べることです。助成金などは募集期間を限定している場合が多くみられますから、タイムリーに情報が得られるのは重宝します。

クラウドファンディングも注目されています。

最初から大きなリスクを負って大きくリターンを求めるのではなく、徐々にステップアップしていく、まずはしっかりと小金を稼ぐ、小さく産んで大きく育てる、という発想が必要です。

STEP 4

事業計画完成→実行

STORY 4 PDCA は大事だけど PLAN-PLAN はダメ！

使用感どう？
アプリの試作品ッ…
なかなかッ…いいですよッ…！
STORY 4
PDCAは大事だけど
PLAN-PLANはダメ！
気になることあったらッ…どんどん言ってねッ…
数値の入力なんですがッ…スクロールじゃなくてもいいかもですッ…
たっ
たっ
たっ
くい
100人アンケートなんですがッ
だいたい50人くらい聞きましてッ
私入れて4人ってとこですッ…

僕のほうと
合わせるとッ
好感触は
80人中
7人かッ…
厳しいねッ…
ふう…
STOP
私は
気に入ってるん
ですけどねぇ
このへんは
使って
みないと
わかんない
かなぁ…
…で
次は…
っと
お…
おじさん!?
ぐ
ぐ
ぐ
ぐ
ぐ
おや
君たち
筋トレも
するん
ですか
ははは
たまには
鍛えないと
私も
してます

あのう…教わったこと僕らなりにやってみてます
プロの目からしたら甘々でしょうけど…
完璧でなくてもいいんだ
おおよその見通しがあるということが大事だと思うよ
はい！いろいろ問題点も見えてきました
一番はやっぱりお客がいないことかなと…
たいていそうだろうね
計画を立てれば立てるほど不安になってきちゃって…
うん計画を立てるのは重要だけどPLAN-PLANにならないようにしないとね

ビジネスの基本はPDCAサイクルを回すことだ
PLAN 計画
DO 実行
CHECK 評価
ACT 改善
実行をもって評価するのが大切なのであって
いつまでも計画を練っていては始まらない
PLAN
PLAN
CHECK
ACTION
ある程度で見切りをつけて実行してみるということでしょうか
そうだね
うーん…新規のお客さんってどうしたらつかまえられるんだろう…
宣伝を頑張ればいいんでしょうか

うん
起業家がみんな苦しむのが販売だ
何度も言うように「起業前に顧客をつかまえておく」に越したことはないけれど
それがあっても上乗せで新規顧客開拓はつねに意識していないといけないからね
開拓
そうか！悩んでるのは僕だけじゃないんですね
そう思うと勇気がわいてきます！
販売にはおおよそ二種類ある
BtoBとBtoCだ
BtoC
BtoB

【BtoB】

ビジネスtoビジネス　：　対企業向け

【BtoC】

ビジネスtoコンシューマー　：　対個人向け

なるほどー

まずBtoBの場合…
これは比較的シンプルだ
商品やカタログを持参してひたすら顧客を訪問する
企業
一日何社一週間で何社という計画で実行するといい
もし支援者の協力があれば一社でも多くの企業を紹介してもらおう
難しいのはBtoCだね
はぁ…企業より個人のお客さんの方が数はずっと多いですけど
飛び込み訪問もやりにくそうですし…振り向いてもらうのは大変そうです
BtoCの顧客開拓策をまず顧客名簿の有無で考えてみよう

顧客名簿がある場合はDMや電話・FAX・Eメールといった手段が取れる
一方顧客名簿がない場合はチラシやウェブサイトを使ったアプローチが考えられる
いずれも販促費が事業計画の見込値をオーバーしないように実施することだ
そうかDMもタダでは送れませんよね
販促費
見積もりをとって計画を立てよう
・印刷代
・通信費、切手代
・デザイン費
・人件費
など
Eメールなどはほぼ人件費のみだね

BtoCの場合新規顧客の獲得をあせるあまりに販促費をオーバーしがちなんだ
なかには販促費で倒産するケースすらある
うわあ…計画的にってことですね

ちなみに商品購入までの消費者心理をあらわした理論がある
これを「AIDMAモデル」というよ

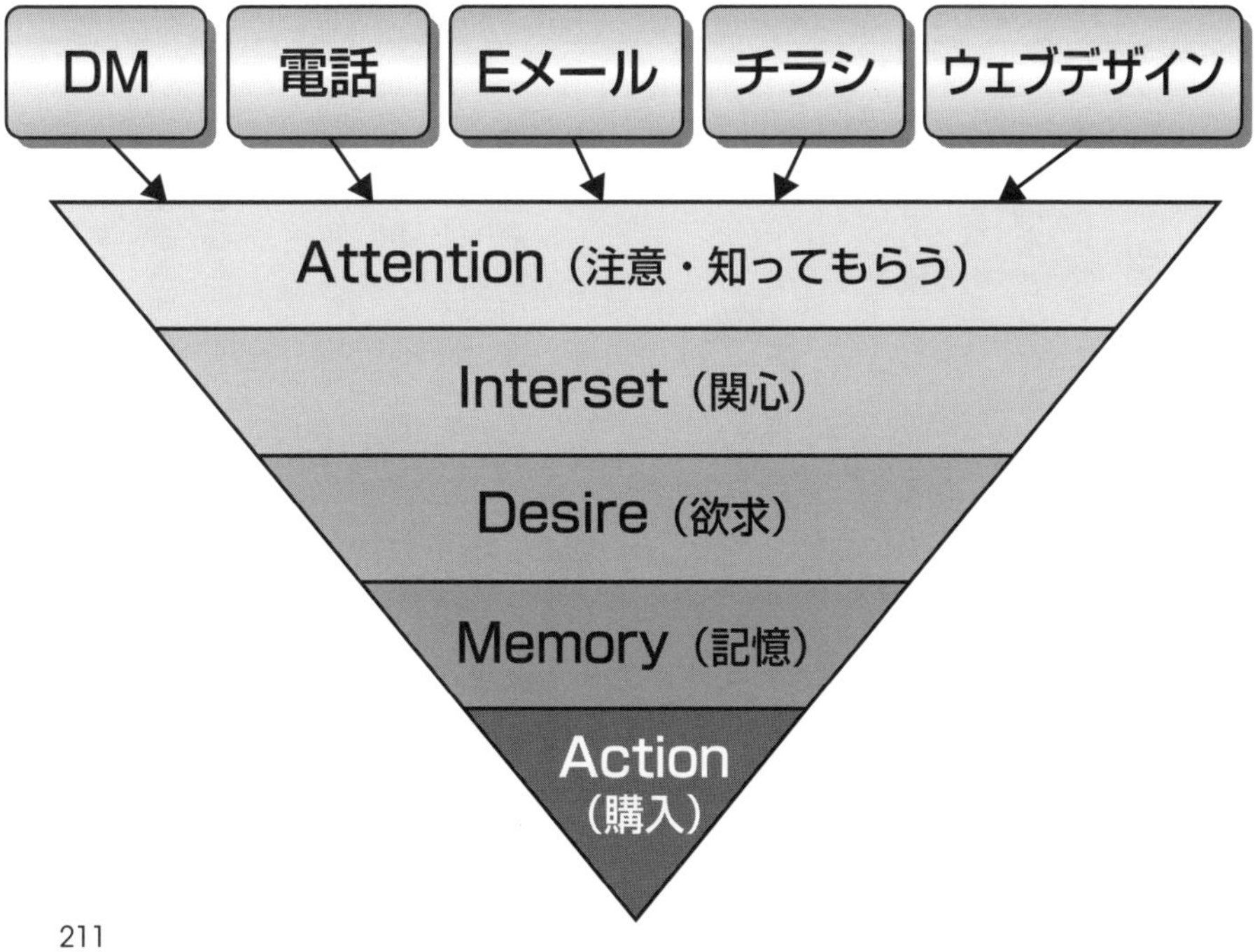
DM
電話
Eメール
チラシ
ウェブデザイン
Attention（注意・知ってもらう）
Interset（関心）
Desire（欲求）
Memory（記憶）
Action（購入）

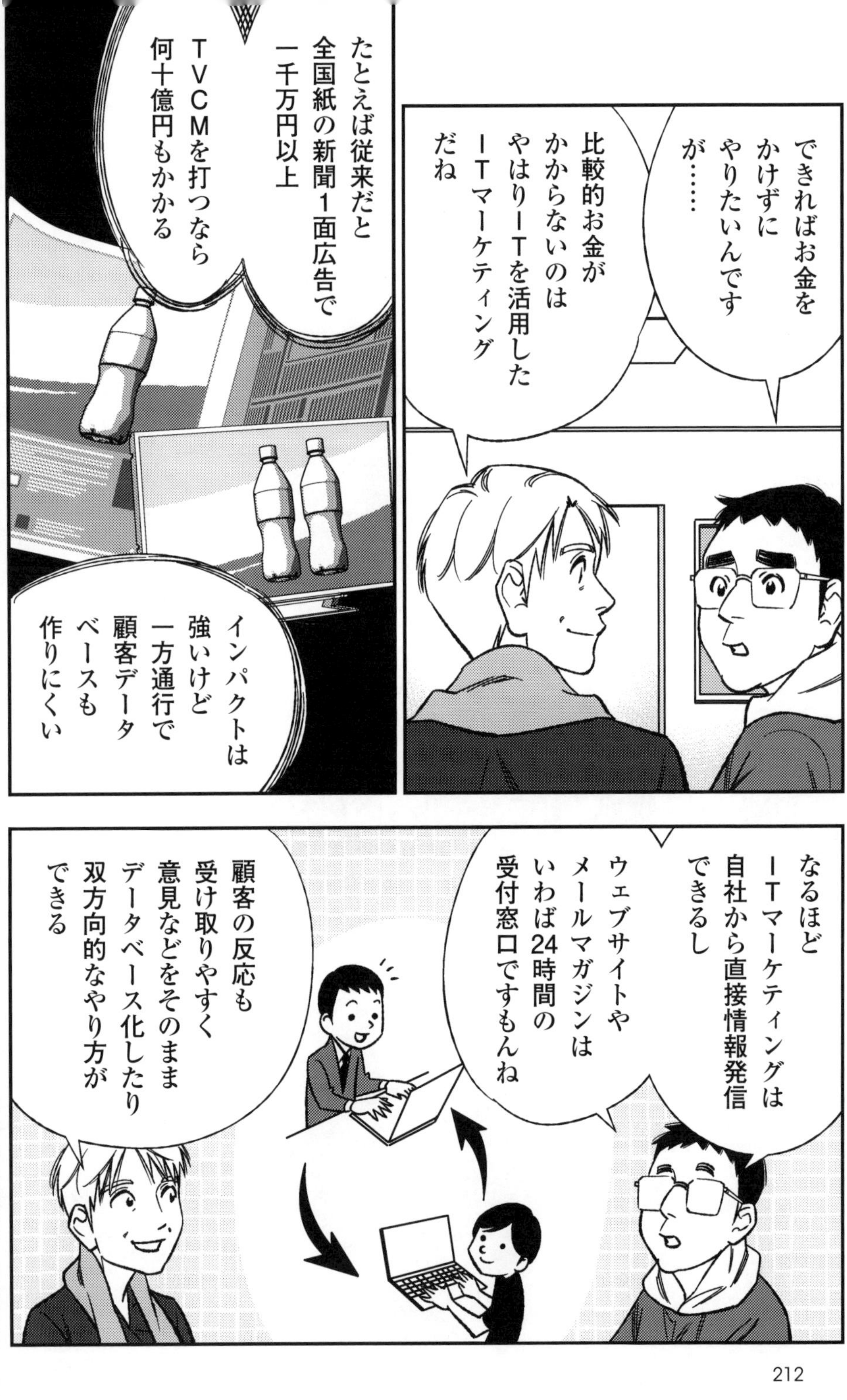
できればお金をかけずにやりたいんですが……
比較的お金がかからないのはやはりITを活用したITマーケティングだね
たとえば従来だと全国紙の新聞1面広告で一千万円以上
TVCMを打つなら何十億円もかかる
インパクトは強いけど一方通行で顧客データベースも作りにくい
なるほどITマーケティングは自社から直接情報発信できるし
ウェブサイトやメールマガジンはいわば24時間の受付窓口ですもんね
顧客の反応も受け取りやすく意見などをそのままデータベース化したり双方向的なやり方ができる

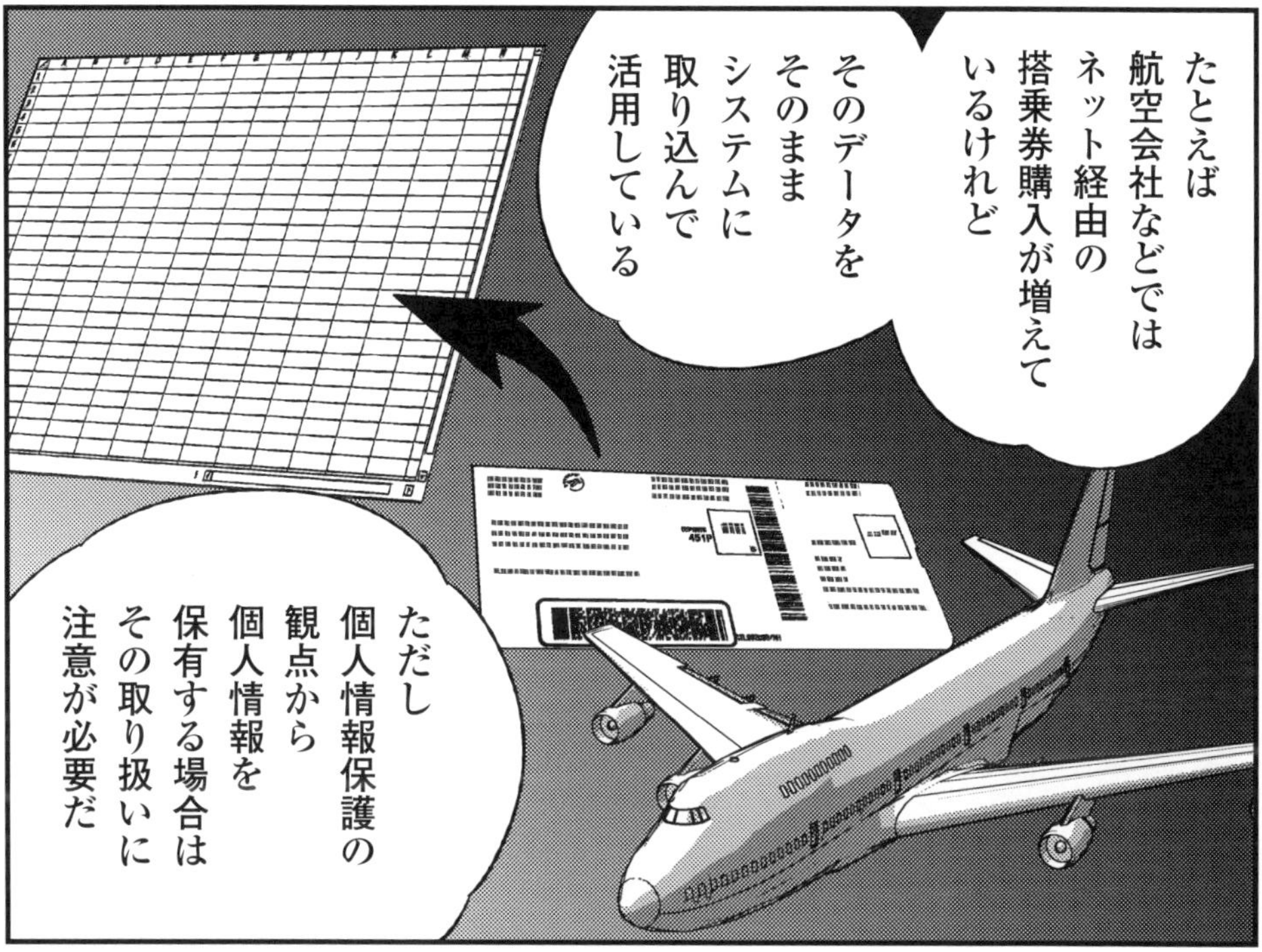
たとえば
航空会社などでは
ネット経由の
搭乗券購入が増えて
いるけれど
そのデータを
そのまま
システムに
取り込んで
活用している
ただし
個人情報保護の
観点から
個人情報を
保有する場合は
その取り扱いに
注意が必要だ

ウェブサイトを
マスメディアとして
見た場合も
従来のメディアより
広告費が安い
有名ポータルサイト
のトップページの
バナーでも一週間
一千万円しない
もちろん
もっと安く
一万円からの
ところもある
商品の
客層にマッチした
ウェブサイトに
広告を出して
もらってもいい
かもしれない
YAHOO! JAPAN

へえ…そう考えるとIT活用はかなりお得ですね
意識したことなかったけど…
ただ広告バナーなどは近年ユーザー側で非表示にされることもあったりするよね
よく調べてアプローチを考えたいところだ
バナー広告の他にも記事広告とかパブリシティとか…いろいろありますね
Business time
[PR]
friendbook
SNSを使ったプロモーションもあるだろうし
自社や商品のウェブサイトは活用できると非常に力になる
Web site
Products
起業家が新規顧客を開拓するのにもっとも手軽な方法だろう

ウェブサイト活用のポイントはこの4つだ
①コンテンツを工夫する
②検索エンジンで上位に表示される
③アクセス分析を行う
④アドワーズ広告など安価なサービスを利用する
①コンテンツを工夫する
大切なのはターゲット顧客の明確化だね
顧客の視点に立ったサイトである必要がある
年齢？
性別？
ライフスタイル？
etc.
デザインや内容・コンテンツの配置など目的を明確に的確に訴えかける作りにしよう
ああテンプレートが用意されて自分で安価にサイトを作れるサービスもありますね

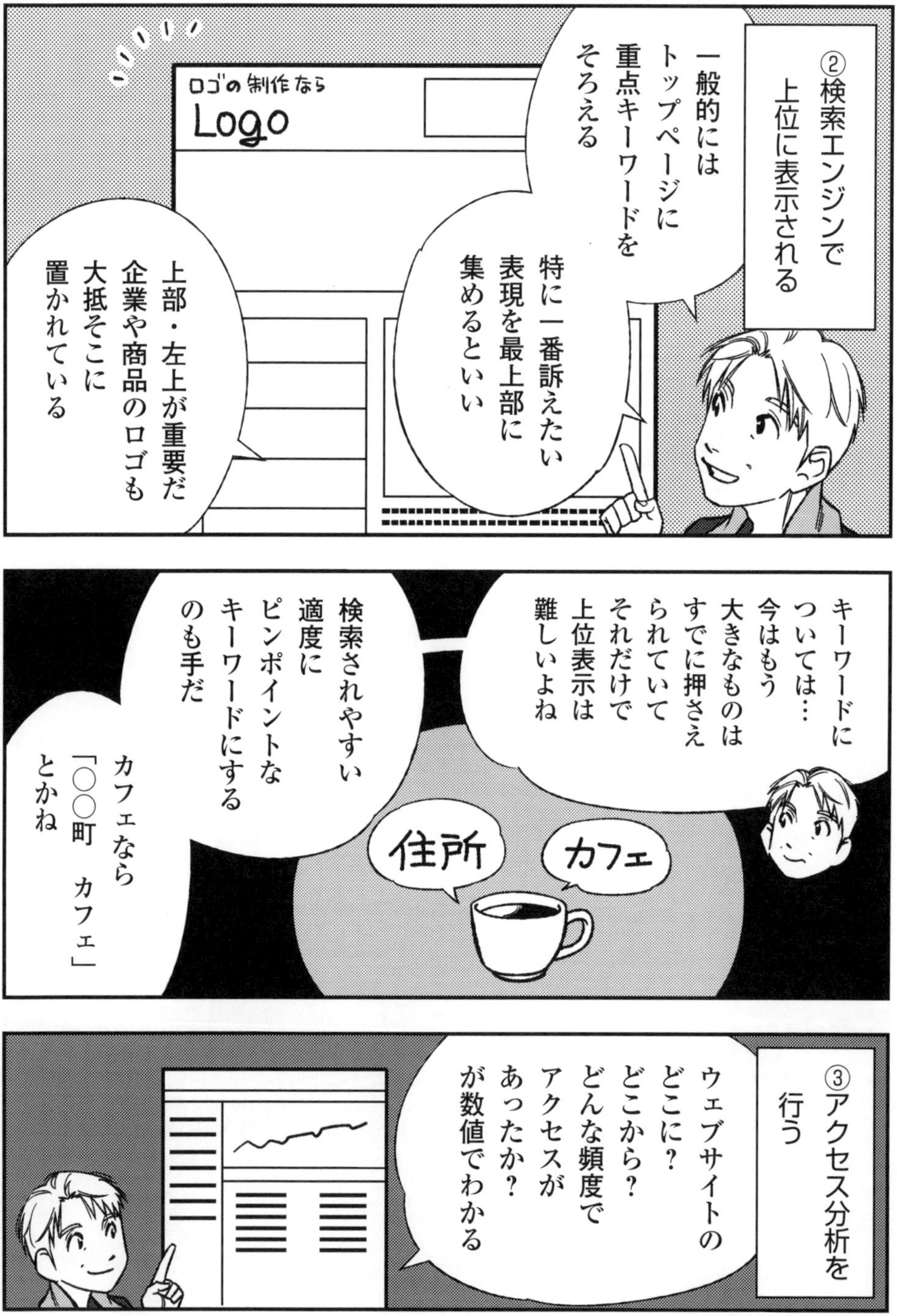
②検索エンジンで上位に表示される
一般的にはトップページに重点キーワードをそろえる
特に一番訴えたい表現を最上部に集めるといい
上部・左上が重要だ企業や商品のロゴも大抵そこに置かれている
ロゴの制作なら
Logo
キーワードについては…今はもう大きなものはすでに押さえられていてそれだけで上位表示は難しいよね
検索されやすい適度にピンポイントなキーワードにするのも手だ
カフェなら「○○町　カフェ」とかね
カフェ
住所
③アクセス分析を行う
ウェブサイトのどこに？どこから？どんな頻度でアクセスがあったか？が数値でわかる

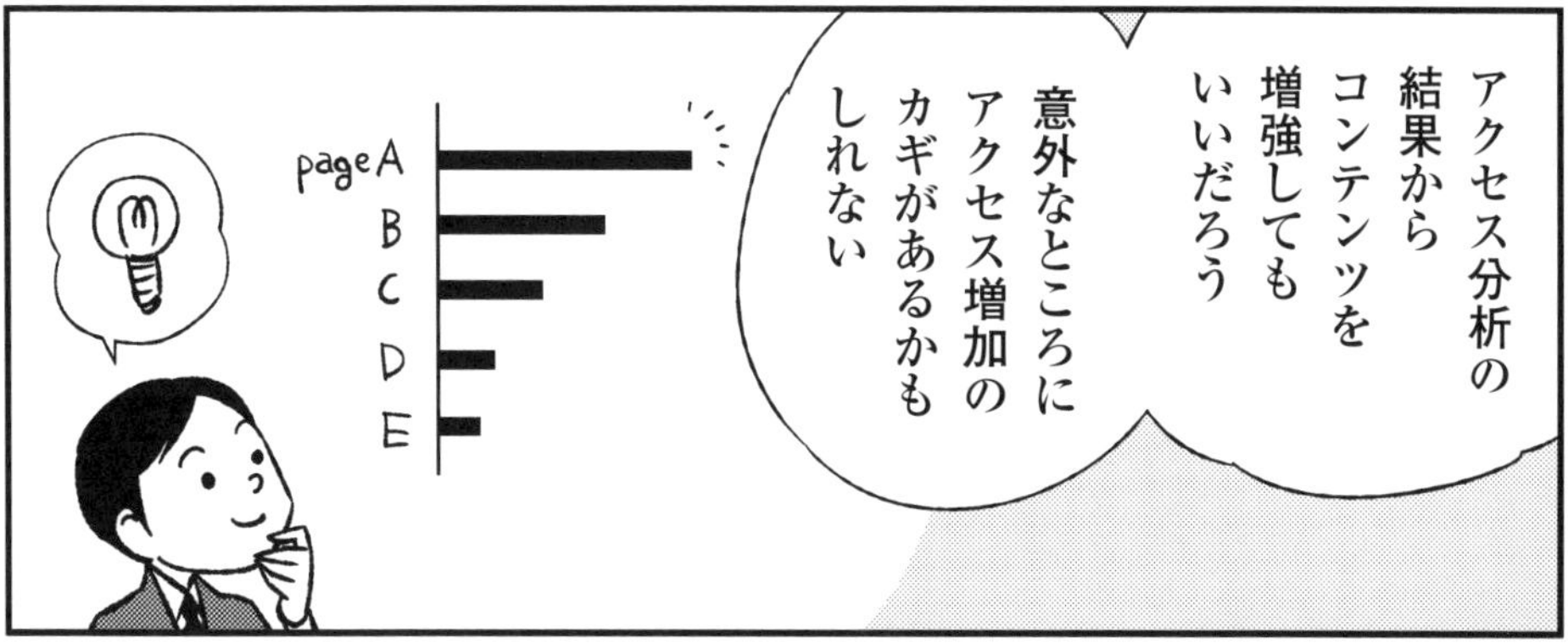
アクセス分析の結果からコンテンツを増強してもいいだろう
意外なところにアクセス増加のカギがあるかもしれない
pageA
B
C
D
E

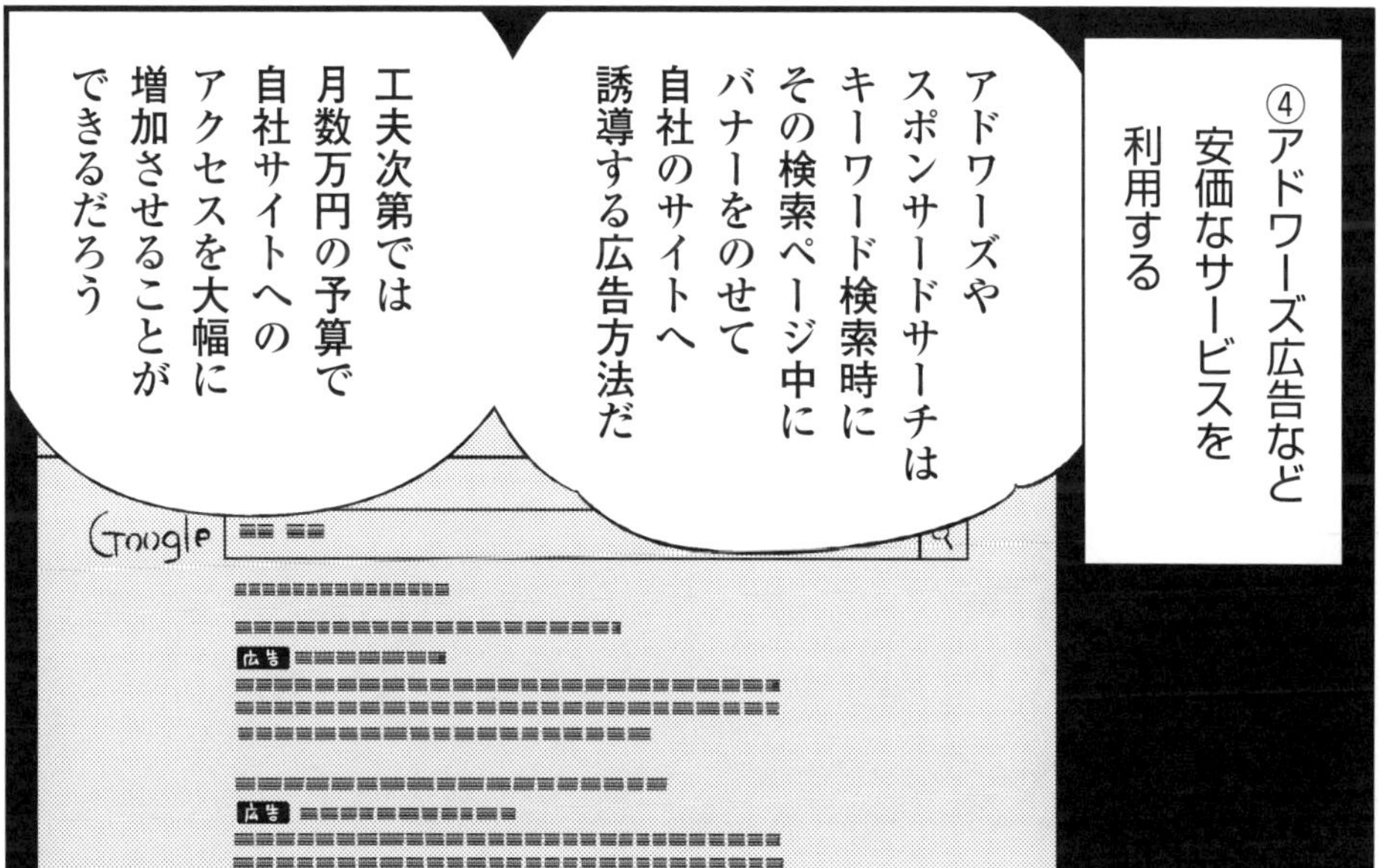
④アドワーズ広告など安価なサービスを利用する
アドワーズやスポンサードサーチはキーワード検索時にその検索ページ中にバナーをのせて自社のサイトへ誘導する広告方法だ
工夫次第では月数万円の予算で自社サイトへのアクセスを大幅に増加させることができるだろう
Google
広告
広告
広告

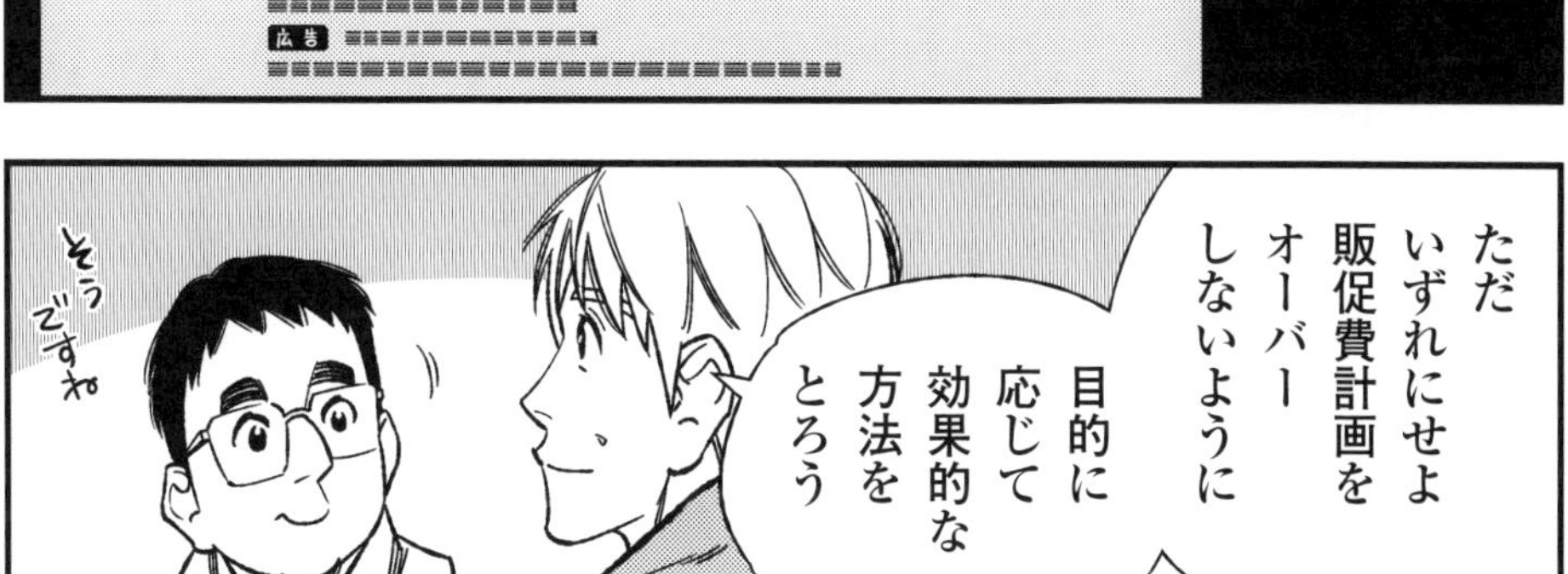
ただいずれにせよ販促費計画をオーバーしないように
目的に応じて効果的な方法をとろう
そうですね

そして新規顧客を獲得できたら顧客データベースを作って活用しよう
住所やメールアドレスやなどですか？
属性
履歴
それもあるし属性データや購入履歴といったデータもある
顧客データ活用で有名なのはウォルマートの例だね
金曜の夕方紙おむつと缶ビールを並べて陳列したら両方の売上が上がった
えっ？全然関連のない商品のようですけど…
データを元に「勤め帰りの男性が奥さんに頼まれてかさばる紙おむつを買うついでに自分の缶ビールを買う」という仮説を立てたら
それが当たったんだ
へえ～!!

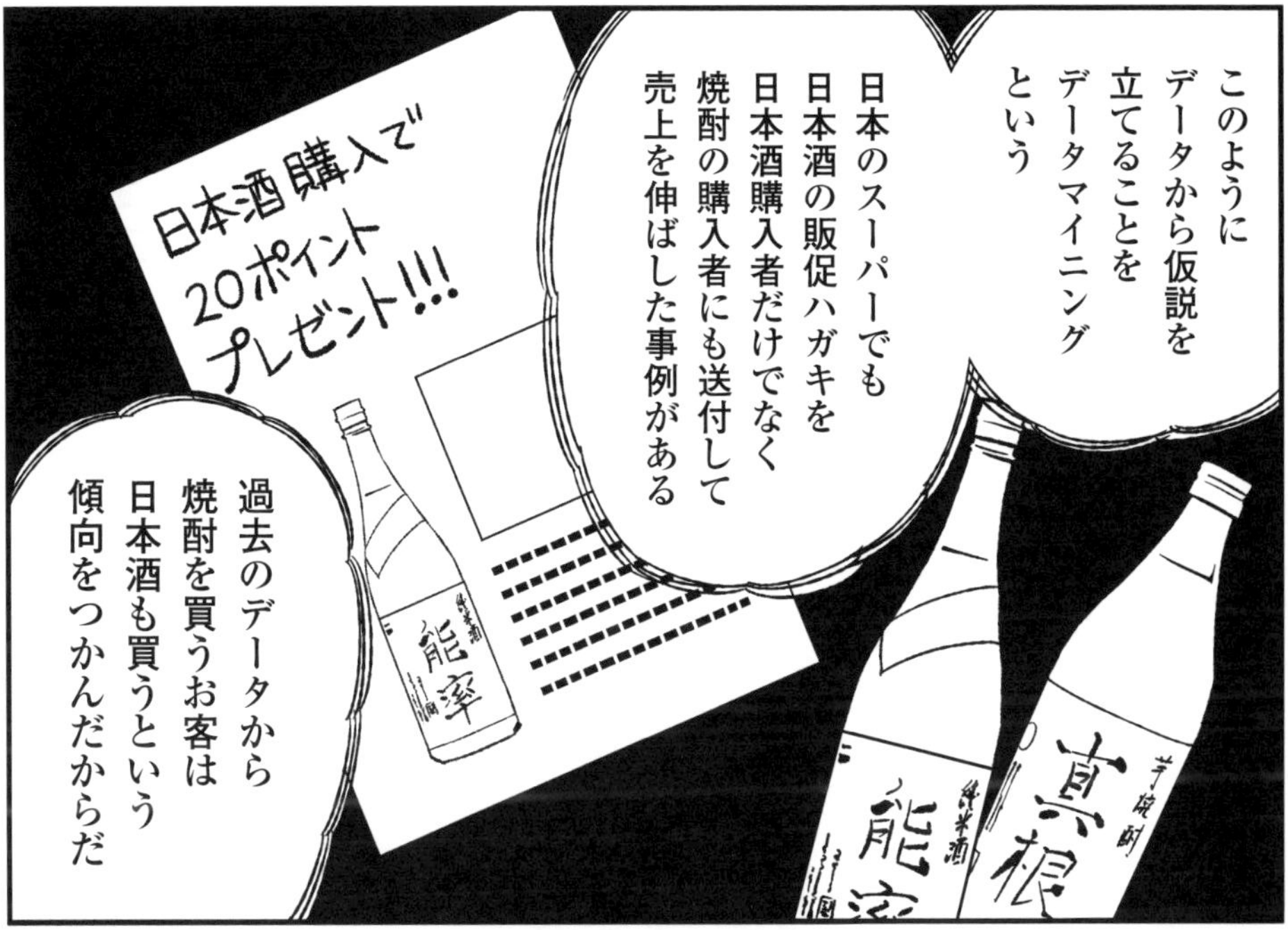
このように
データから仮説を
立てることを
データマイニング
という
日本のスーパーでも
日本酒の販促ハガキを
日本酒購入者だけでなく
焼酎の購入者にも送付して
売上を伸ばした事例がある
日本酒購入で
20ポイント
プレゼント!!!
過去のデータから
焼酎を買うお客は
日本酒も買うという
傾向をつかんだからだ

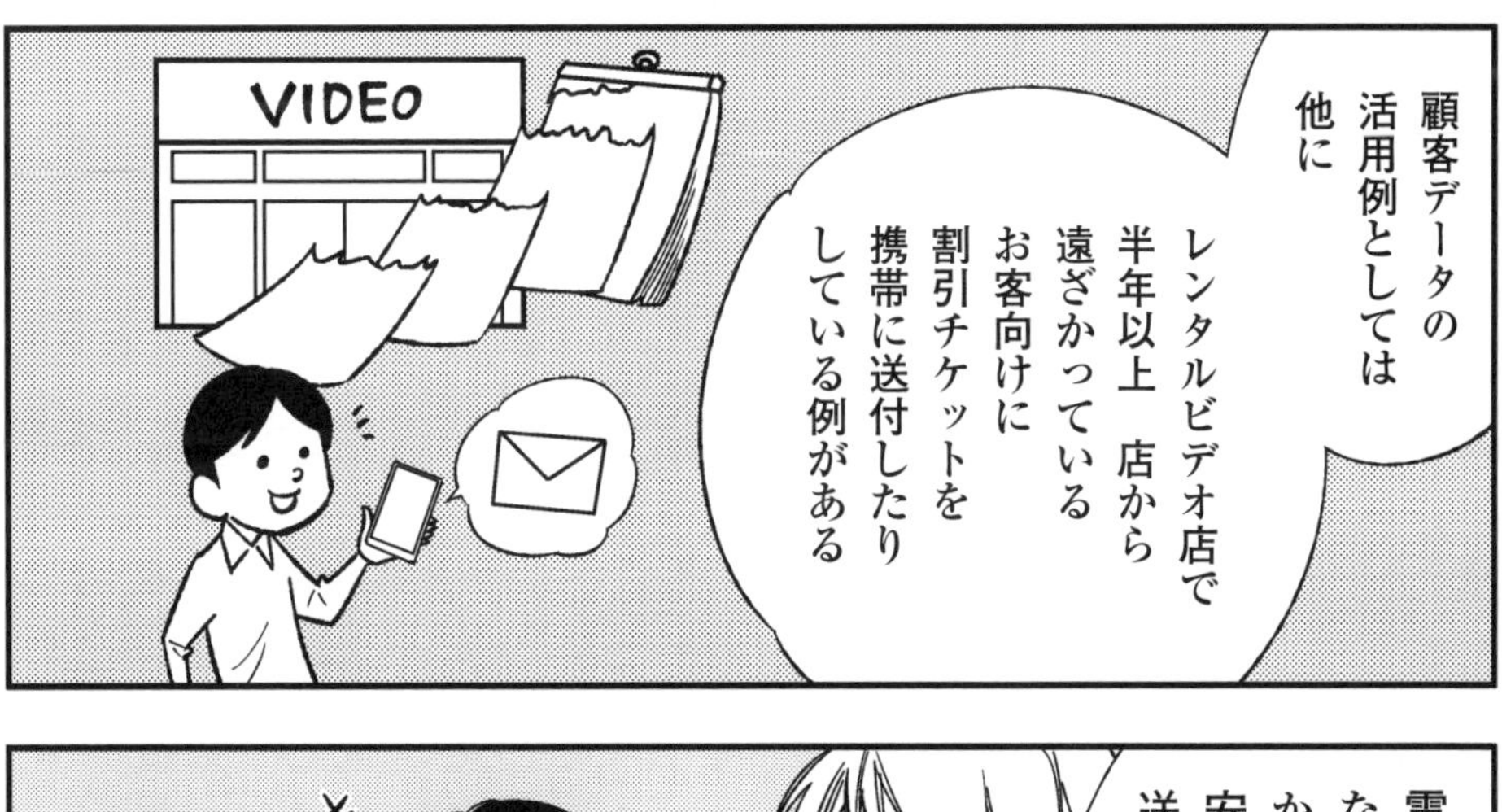
顧客データの
活用例としては
他に
レンタルビデオ店で
半年以上　店から
遠ざかっている
お客向けに
割引チケットを
携帯に送付したり
している例がある
VIDEO

電子チケット
なら送料を
かけなくても
安価に
送れるね
そうですね

郵送DMやFAXなどに比べてEメールでのアプローチは格段に費用が安い
メール
その他
未読
ただし今は法律の関係で受信者から事前の同意をもらわないと送ることが難しい
ああ 無差別に送ると違法な迷惑メール扱いになりますね
受信者の「同意を取得する」「受け取り拒否できる」よう明確なしくみを準備して、メールマガジンを配信するという方法もあるかな
コンテンツ次第では読んでくれるかもしれない
今だとSNS発信やメッセアプリでのアプローチが多いかもしれません
告知
クーポン

さらに費用を抑えて効果絶大なのはパブリシティだ
広告でなくメディアに話題として取り上げてもらうってことですね
SPORTS DAILY
Business News
ああマスコミが取り上げたくなるような優れたビジネスをぜひ作ってほしい
マスコミとターゲット顧客が欲しがる情報を提供することが大切だ
パブリシティシートに記入してマスコミ各社に送信したり
最寄りの商工会議所や市役所などに設けられている記者クラブに投函しよう
NEWS RELEASE
年 月 日
自社名
住所
殿
見出し
本文小見出し
本文
門用語解説など）
本件への問い合わせは下記へお願いします
広報担当
携帯
電話
そして顧客の中でも最重要顧客を大事にすることだ

「二八の法則」と いうんだが 商売において 上位2割で 売上の8割を 占めると よく言われる
2割のさらに2割… たった4％の 顧客が売上の 64％を占めるとも 解釈できる
2
8
起業家にとって 4％は たった一社 たった一人 ということも ありえる
その一社あるいは 一人に最高の対応 最高の接客をしよう
最重要顧客は 継続的な 利益をもたらす 「福の神」になる
顧客を紹介して くれるかどうかが 支持客・信奉客で あるかどうかの バロメーターだ
じっくりと ニーズを聞いて それに応えよう
最重要顧客 かあ… 今のところ…

私？そうか！私じゃないですか!!
ヤダもー!!
ばっ
何浮かれてんの
畑中さんこんにちは
近頃熱心に通われてますね
トレーナーさん！こんにちは～
フフフじつはこういうの使ってて♪
今開発中なんですけど～
……
…これ…いいですね
!!

ねー ちょっと！
この 記録アプリ 良くない？
…あー…… なんか
かわいくて 使いやすそう！
これ どこのアプリ ですか？
あっ あの
今 僕らが 開発中 なんです！
よろしければ ご意見 伺いたいです!!
そうなん ですね！ すごい

これならお客様におすすめしたいです
うちと提携するってのもアリかもしれないけどね
どうなんだろ～本部に意見上げたりできるかなぁ
……!!
ばんざーーい!!
頑張りますッ!!
ワイワイ

22 事業計画を評価し、見直す

◇感動させる事業計画書の書き方

これまでで、起業のための事業計画が固まりました。最後に事業計画書としてまとめあげる努力をしてください。

事業計画書を書く際に心して欲しいことは、「聞く人に感動を与えられるような事業計画書を書く」ということです。自分の思い、信念を１００％訴えることが必要となります。体裁が大事だということではありません。大事なのは中身そのものです。読む人、聞く人の立場に立って、訴えたいことを簡潔に要領よくまとめてください。

それでは、どんな事業計画書であれば、聞く人の賛同が得られるのでしょうか。

第一は、起業家の夢や志が見事に結実した事業計画になっていることです。企業理念や起業の目的が明確で、「もう少しで夢がかなうのであれば、ぜひ応援したい」と思わせる内容なら合格です。

第二は、長期計画が戦略性に富んでいることです。ありきたりの内容では協力者・支援

感動させる事業計画書の書き方

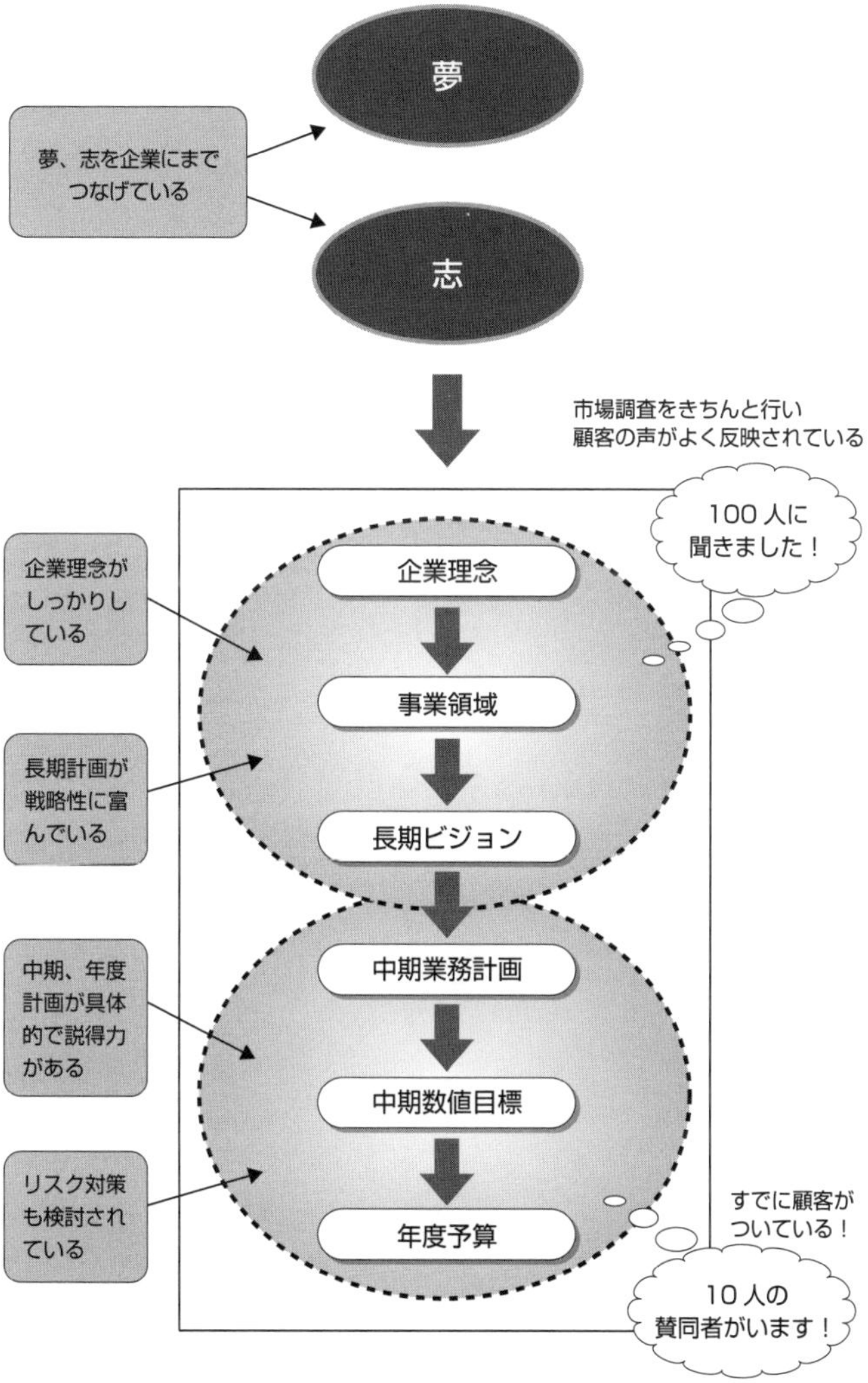

者は現れません。

第三は、中期計画が具体的で説得力があることです。どれだけ周囲の人を巻き込んでいるか、どれだけ事前調査が行われているかがポイントになります。市場調査をきちんと行い、顧客の声がよく反映されている事業計画は安心して聞くことができます。起業前に見込み客をある程度つかんでいたり、有望な協力者がいれば合格でしょう。

さらにリスク対策まできちんと考えられていれば、出資者に安心感を与えることができます。

事業計画書の説明では、自分の思い、信念を１００％訴えることが必要です。社内外の人に説明し、相手の「共感」「期待感」「信頼感」が得られる事業計画書にしていってください。

23

事業計画を磨く・説く

◇計画書の段階から妥協してはダメ

事業計画書を作成する目的が何だったか？　覚えていますか？

①事業として成り立つのか検証する
②第三者に説明する
③出資、融資を受けるため
④取引先との信用醸成
⑤失敗を次に生かす
⑥そして、何にもまして「成功」するため

最初に固めた企業理念を後退させたり、現実に負けて妥協してはなりません。もちろん事業計画は修正もあり得ます。しかし、変えてはいけない根幹の部分もあります。修正をする場合もなぜ修正するのか、本当に修正することがよいのか、自分で納得いくまで調査して修正すべしとの結論に至って初めて軌道修正すべきです。志や企業理念は最後まで大

計画書の段階から妥協してはダメ

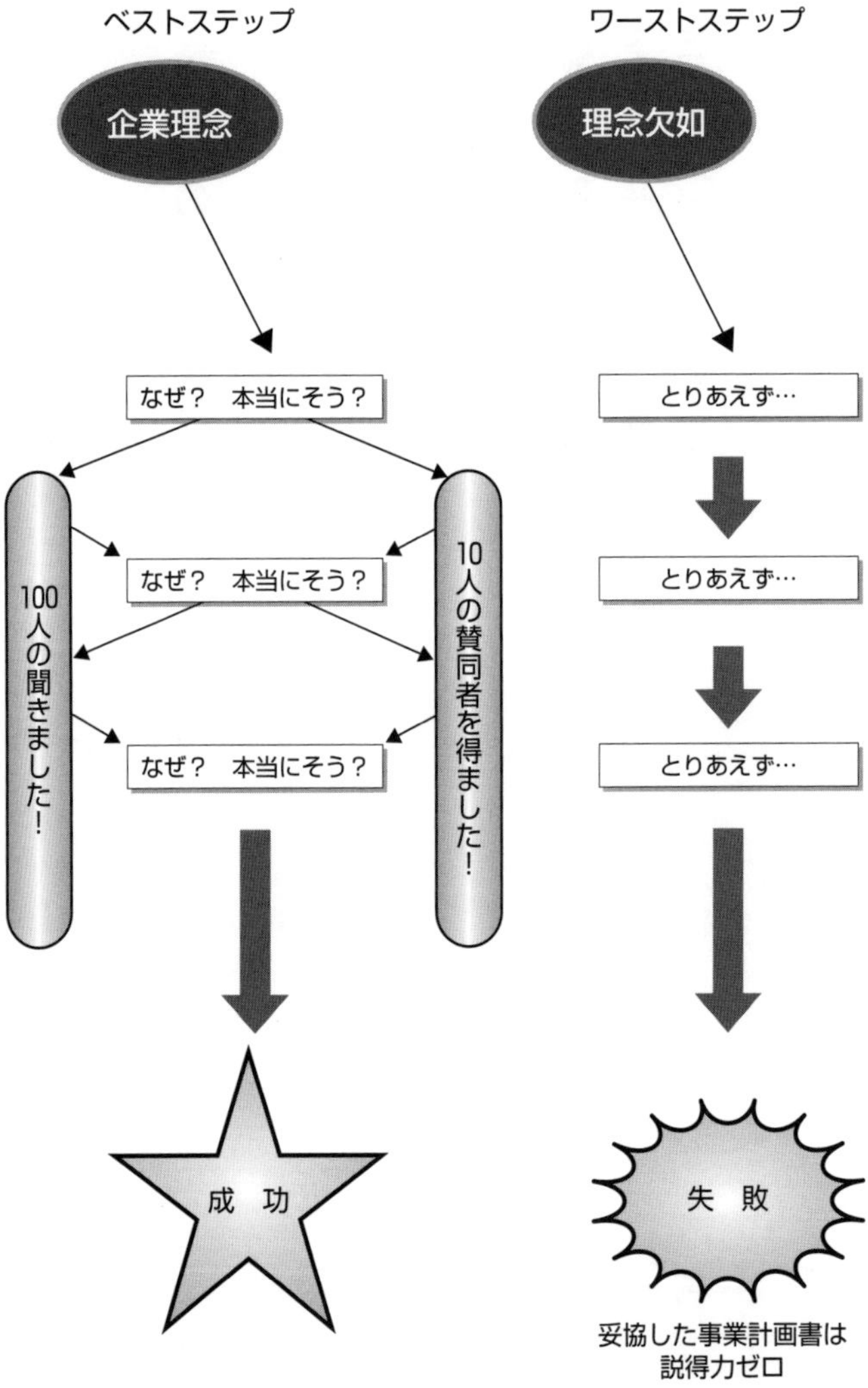

事に守り通してください。

とりあえずこの程度にしておこう、とりあえずこれでいこう、と「とりあえず」を3回以上繰り返すようなら、その計画は、当初の計画とはかけ離れたもの、最初の志や思いとは異なったものになってしまっているはずです。最初から妥協してしまっては、事業計画づくりは落第です。

とりあえず机の上で考えたもので済まそうとすれば、良い計画などできません。顧客のところを徹底的に回り、その声を反映してビジネスプランを磨き、1人でも多くの顧客を「起業前に」確保することに注力してください。

石の上にも3年、起業当初の生みの苦しみに持ちこたえるには、何度も言いますが、志とやる気を反映したしっかりとした事業計画が必要なのです。説得力のある共感を呼ぶ事業計画書を作ってください。

◇戦略から戦術へブレークダウンする

事業計画作成にもいくつかの段階があります。大局的・総括的部分も必要ですし、詳細な説明資料も要ります。

事業計画を第三者に説明するときは、時間も限られているケースが多いので大局・戦略

戦略から戦術へブレークダウン

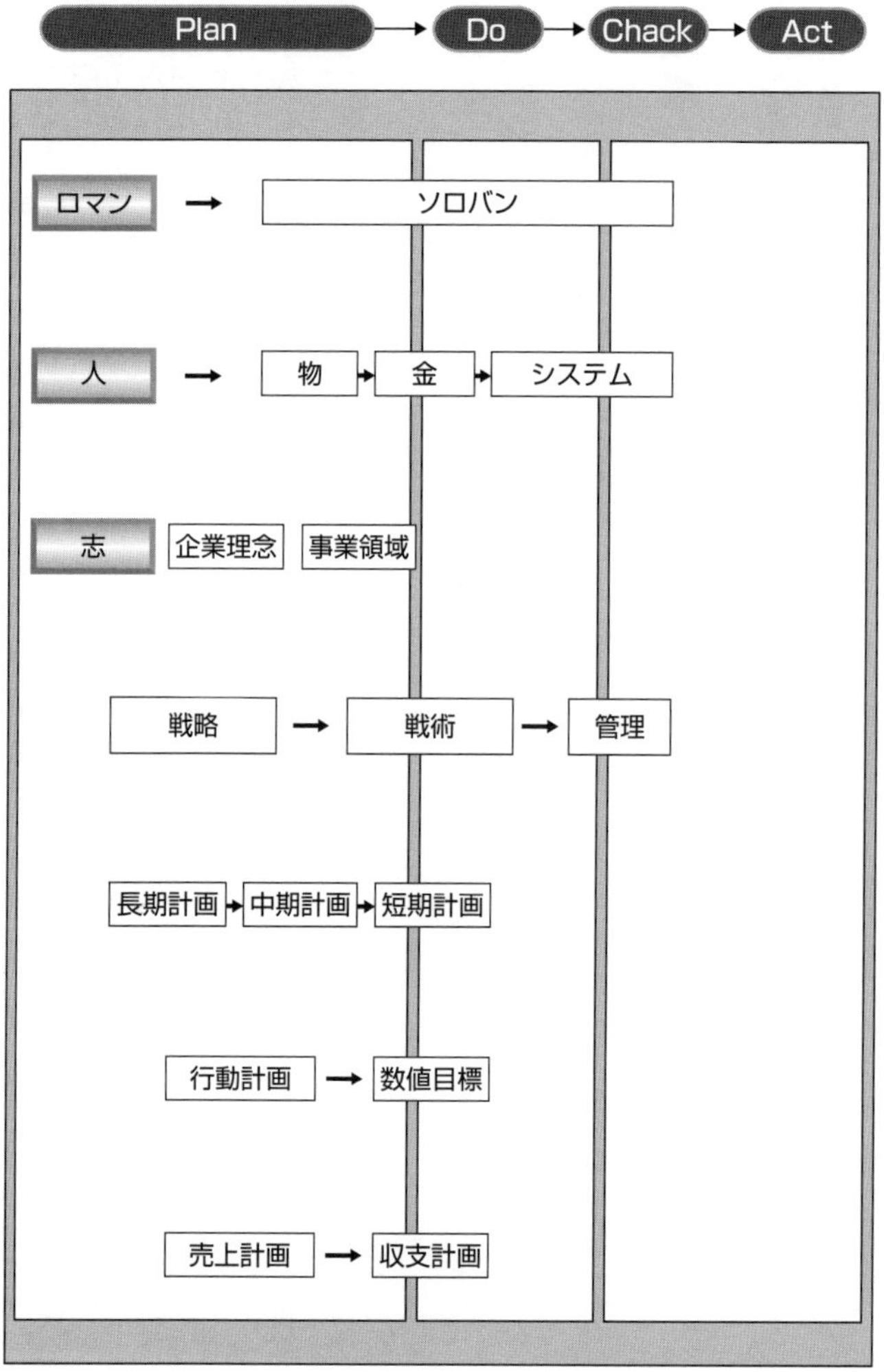

を中心に行います。相手によって訴えるポイントを変えながら、「資金を提供して欲しい」「パートナーになって欲しい」など、結論を先に簡潔に述べます。時間と相手の関心度合いを見ながら、必要な詳細部分を補足していくのがよいでしょう。

事業計画の要点をワンシートにまとめておくことも重要です。日本政策金融公庫に提出する「創業計画書」もB４判１枚です。これら表紙にあたる「総括表」に加えて、必要な別紙明細を各種層別に用意しておくとよいでしょう。

事業計画書の作成も「着眼大局、着手小局」で行なってください。事業計画の説明の場合も、まずは大局・結論を述べることが重要です。ＰＬＡＮ（計画・戦略）では大局を述べ、実行計画（ＤＯ）では、抜けのないようより細かく詳細資料を作成してください。

事業計画を使用する目的と説明する相手を想定しながら、事業計画書を作成します。目的や相手が変われば、必要な事業計画書も変わるということです。

事業計画書も事業計画の細部を詰める過程では矛盾も見つかることでしょう。疑問点は何度でも練り直す必要があります。細部になればなるほどきちんとした裏付けが必要ですから、現場での確認も欠かせません。顧客の声や関係者の意見を広く聞き、計画に反映させることが大切です。

◇3年先から今日まで遡る

短期志向で経営を行うビジネスモデルの場合は、事業計画を考えるより「まずは実行」というケースもあります。一方で、業種・業態によっては10年、20年先まで計画すべきビジネスもあります。

起業家の場合、一般的には3年くらい先を見据えた事業計画が必要です。現在の世の中の変化の激しさ、技術革新のスピードの速さを考えると3年先を読むことも難しい時代になってきましたが、やはり3年間を先見した中期計画は用意すべきでしょう。

◆**長期**＝5年以上＝企業ビジョン、長期経営戦略
◆**中期**＝3～5年＝中期実行計画
◆**短期**＝1年＝実行計画・予算

本書では、まず長期ビジョンと中期業務計画を作りました。そして、これらをもとに目標P／L・C／F・B／Sを、1年目は月別に、2年目、3年目は年別に作成しました。

目標達成のために3年目はどうあるべきか↓2年目は？　↓1年目は？　↓6カ月先はどうなっていれば良いか↓来月はどうする？　↓来週は？　↓明日はどうする！　と具体的な行動レベルまで落として考えていけば、事業計画の不備が見つかるはずです。そうし

3年先から今日まで遡る

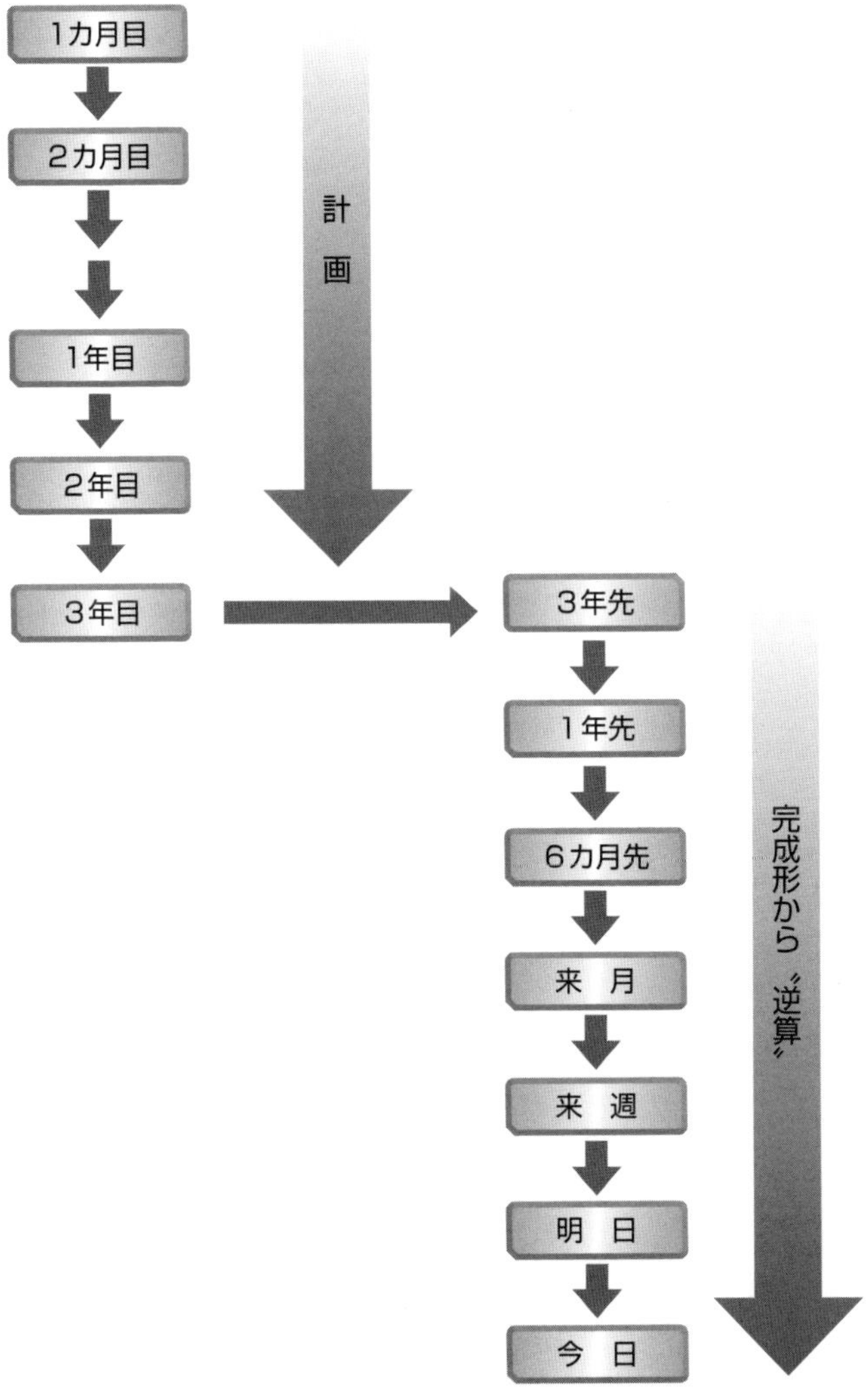

た不備を丁寧に修正していくことで事業計画が迫力を増してきます。

事業計画でも、明確な日限を切り、強力に実行を課せば、実行に向けて社内がまとまります。

「誰が」「いつまでに」何をやるかを明確にして、「実行」へ向けて全社員のやる気を醸成するのが企業トップの役割です。

◇見えないところでの深い検討が事業計画の迫力を増す

社内外の人に事業計画書の内容を的確に伝えるためには、事業計画書本編を補完する詳細資料を目的に応じて様々に用意することが必要となります。特に、金融機関向けのプレゼンテーションの際には、事業計画書本編に加えて詳細別紙も効果的に提示・説明できるように準備しておきましょう。

見えないところでの深い検討が事業計画の迫力を増します。感動を与える事業計画書、信頼度を上げる詳細・補完資料で、聞く人を納得させ、自分も協力したい、参画したい、融資・投資したい、商品を買ってみたい、商品の卸を担当したい、などの賛同を得ることができれば成功です。

業種・業態、説明の相手によっても異なりますが、左ページのような詳細資料（例）が

詳細資料の例

事業計画書		補完資料・詳細資料
企業理念	←	●経営者紹介 ●自分の強み・弱み
事業領域	←	●公式資料 ●マスコミ情報、先行事例 ●市場調査資料→例：調査100人
環境分析	←	●競合状況 ●公式資料 ●マスコミ情報
自社分析	←	●賛同者リスト ●経営者適性説明 ●経営者個人の資産内容 ●体制・組織
長期ビジョン ●企業文化 ●事業構造 商品・顧客 売上高・原価・販管費・設備投資額 ●経営機能	←	●図面・写真・絵 ●試作品・模型 ●賛同者リスト→例:賛同者10人 ●サイトサンプル、サイトマップ
中～短期　行動計画 ●予定販売先 ●予定仕入れ先	←	●契約書 ●設備の見積書 ●スケジュール表 ●広報資料、商品パンフレット
中～短期　数値目標 ●目標売上・原価 ●目標P/L ●目標C/F ●目標B/S	←	●損益分岐点分析 ●分析シート（ピボットテーブル）

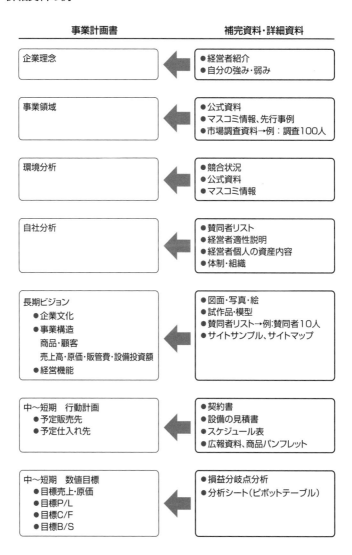

考えられます。

企業理念の資料としては、経営者個人の履歴書・経歴書、個人の資産内容を準備しておきましょう。事業領域や環境分析の資料としては、政府発表の公式資料、新聞記事などが必要です。周囲の人の意見を聞いた結果を示すため「100人に聞きました！」といった資料が用意できれば迫力満点です。

商品については、試作品やサンプル、なければ図面やスケッチがあれば非常に有効です。仕入先や販売先について目処がついていれば、それらを一覧表にして、「すでに10人の賛同者がいます」といった資料を用意できれば、その事業計画の信頼度がさらに高まることになります。

この人には事業計画書のココを強調しよう、この役所にはこの詳細資料をこのタイミングで提示しよう、など聞く人の立場に立って資料の準備をし、使い方の作戦を練っておきましょう。

◇リスク対策にも万全を

リターンを得ようとすれば、リスクに挑戦することは当然のことです。ハイリスクだからハイリターンなのです。誰もやったことがないからこその起業、創業なのです。

ただし、リスクへの備えは必須です。特に起業を計画する場合、リスク対策は欠かせません。起業直後は、資金がない、実績がない、顧客がいないなど、ないない尽くしで、事業のリスクは非常に大きくなります。

リスク対策とは、リスクを予測し、そのリスクが現実となったときに、影響・損害を最小にするよう、事前に採るべき方策を考えておくことを指します。

予測されるリスクとは、例えば、次のようなものです。

◆販売不振・受注低迷・価格低下

いかにして自社の商品・サービスを売るか、これは事業計画作成時の最重要テーマの1つです。

↓起業前に複数の上得意客を確保しておく！

◆設備投資額オーバー

↓契約時に十分にチェック

◆変動費オーバー（新規客創造の販管費、顧客対応費、メンテ費）

↓詳細な見積り、実費管理

◆取引先倒産・滅失

↓取引開始前に必ず訪問し、自分の目で信用度を確認

リスク対策表

リスク	発生 可能性	発生時期	リスク 金額	リスク 範囲	回避策
販売不振	大	初年度	大	全体	重要顧客を回る ホームページ見直し
設備投資金額 オーバー	小	次年度	大	全体	設備仕様見直し 支払時期交渉
変動費オーバー	大	初年度	中	経理	原価低減 労務費見直し
投資回収遅延	大	次年度	大	営業	投資家に説明
資金繰り悪化	大	初年度	大	経理	追加借入 労務費見直し
取引先倒産	大	次年度	大	全体	長期未収精査 未収先訪問・チェック
特許侵害	大	次年度	大	全体	弁理士・弁護士相談
商標侵害	大	初年度	大	営業	弁理士・弁護士相談
許認可・法改正	大	次年度	大	全体	役所・コンサルタント と相談
自社倒産	大	次年度	大	全体	事業撤退レベルを 事前に設定
社長病気・死亡	大	次年度	大	全体	主治医用意 定期健康診断

◆自社倒産・撤退

↓撤退の見極めレベルを決めておく

◆経営者（自分）の病気・死亡

実はこれが最大のリスクです。

↓自己の体力維持策の策定・実行は、経営者の責務です！

column 本書STORYで考えるベストシナリオ

提携話もその後進んでて……

スポーツジムからの要請もあって、正式に株式会社を設立しました！
言われるとおり「**起業前に顧客を見つける**」ことができたおかげです。
資本金は貯金の残り100万円をあてました。登記はバーチャルオフィスを契約し、そこの住所で行いました。

会社組織としたことで、スポーツジムとは正式に契約できました！　法人顧客第一号です！
契約金は、おじさんに言われたように「**価格は顧客に決めてもらう**」ようにしたら
なんと僕の予想より一桁多い50万円で契約できました！
アプリから個人のデータを取り込めるように改良したことでジムの顧客の健康管理に役立ててくれてます。

スポーツジムが紹介してくれたおかげで、市からもコラボの引き合いがきて、市とも契約ができました。
契約金はやはり「顧客に決めてもらう」ようにしたら、これまた一桁多い30万円で契約できました！　法人顧客第二号です！
市民の健康管理に役立ててくれることになりました。
市の医療費の削減につなげるようアプリに改良を加えました。

ジムと、さらには市と契約できたことで、会社の**ブランド**が一気に高まりました。

おかげで、アプリへのアクセスも急速に増え始めたので個人向けに「課金」のしくみも取り入れました。
1人あたりの課金額は小額にしましたが、アクセス人数が増え続けているので、安定収入になりそうです。
おじさんの言われる「**ランニングビジネス**」のありがたさがわかりました。

法人、個人の顧客がついてきたことで、売上計画が現実のものになってきました！

おじさんから教えていただいた購入型「**クラウドファンディング**」※も利用してみました。
※ネットを使ったクラウド（多人数）からのファンディング（資金調達）
「課金を無料に」するという契約条件で呼びかけたんですが、
なんと、共感を得た多くの人がアプリの応援ファンになってくれて資金調達まで実現できました！
同時に「**100人に聞く**」ことがネットのおかげで一気に実現できた形です。

ジムから、そして市から契約金が入ったことと、クラウドファンディングで資金調達できたことで融資を仰ぐために作った「事業計画書」は今回は使わなくて済みました。
でも、**成功するためにこそ必要**という「事業計画書」の本来の必要性を改めて認識できました。

現在、「事業計画書」は計画と実績の差異を毎月チェックする大切なカガミとなってます。
PDCAを回すことで「事業計画書」は今後につながりそうです！……

エピローグ

成功するまでやり抜く

STORY 5 まずは「やってみなはれ」

数カ月後―――
おじさーーーん!!
STORY 5
まずは
「やってみなはれ」
おお…久しぶりだね!
ご無沙汰してます…!
ハァ
ハァ
…体型が元に戻ったかな?
開発でこもったりして…差し引きゼロになっちゃいました
あの…本当にいろいろありがとうございました!!
提携話もその後進んでて

おじさんのアドバイスがなかったら今頃どうなってたか…
いやいや斎藤くんの熱意の賜物だよ
…君は変わってないね
…？
あはは本当に覚えてないんだな
それが君のいいところだ
…どういうことですか？
学生時代に君が参加してたアプリコンテスト
私はその審査員だよ

!!
コンテストとみるや挑戦してきて…すっかり顔を覚えたよ
毎回休憩や懇親会でうれしそうに何本も新作を見せてまわって
他の人の発表も最前列で熱心にメモをとって
その姿がとても印象的だった

ビジネス面を考えるとあまり大きな賞はあげられなかったけどね
心のなかでは「次こそきっとやってくれる」と思ってたもんさ
私は普段企業を顧客に経営指導などのコンサルティング業務をしているんだが
どんな大企業でも最初は同じ

顧客や商品に対する純粋な情熱が創業者にはほとばしっている
もちろん情熱だけでは商売はうまくいかないんだが
みんな困難をのりこえ七転び八起きして商売を軌道にのせてきた
経営者とはそういうものだ
斎藤くんにも今後　必ずまた試練が訪れる
必ずだ　それも何回も

そのときに今の位置を確認し
明日へ向かってどのように進めばいいか…それをまとめたものが事業計画書といえる
忘れないでほしい誰しもそうなんだ
最後にサントリーの創業者鳥井信治郎の言葉を贈ろう

「やってみなはれ」
挑戦の心を忘れずにね

………‼

はい!!
川はまっすぐ流れるわけじゃない…
曲がりくねっても休みなく道を見つけやがて海へ到達する
僕もそうありたい

24

「先見実行」

起業を目指す人の8割は起業に至っていません。起業しようと決めて、計画までは作っても実行まで至らないケースも多いのです。

大切なのは実行です。

金儲けの神様、邱永漢《きゅうえいかん》氏は言います、「先見実行」。先見したら、すなわち事業計画を立てたら、もうあとは実行あるのみです。

ソニーの盛田昭夫氏も、「アイデアのいい人は世のなかにたくさんいるが、いいと思ったアイデアを実行する勇気のある人は少ない。我々は、それをがむしゃらにやるだけである」と述べています。

サントリーの創業者である鳥井信治郎氏は、1924年に山崎にウイスキー工場を建設しました。その際、社員も、周囲の財界人も、皆、ウイスキー工場建設に反対しました。当時、寿屋（現サントリー）は、赤玉ポートワインの販売がようやく軌道に乗ったばかりで、莫大な予算と長い熟成期間の必要なウイスキーづくりに乗り出すのはリスクが高すぎると思われたのです。

そもそも、スコットランドやアイルランド以外の土地では本格的なウイスキーはつくれないと言われていました。

それでも、鳥井氏はウイスキー事業を始めることに怯《ひる》みませんでした。「日本の風土にあった、日本人に愛されるウイスキーをつくりたい」「需要がなければ生み出せばいい」、この気概で、周囲の反対を押し切って工場の建設を進めたのです。曰《いわ》く「何でもやってみなはれ。やらなわからしまへんで」。

25 「やる気、執念」&「プラス志向」

起業して成功するには大事なポイントがあります。それは「やる気」「執念」。成功した起業家は実に見事に「やる気」「執念」を具備しています。

ここで、簡単なテストをします。

◎知人に飲み会に誘われたら、いったんは断る（YES　NO）
◎街で知り合いに会うことは、めったにない（YES　NO）
◎人の名前を覚えるのが苦手で、なかば諦めている（YES　NO）
◎上司に難しい仕事を打診されたら、拒否したい（YES　NO）
◎新しい仕事をするときは、まず障害要因を先に考える（YES　NO）
◎未経験の仕事は極力避ける（YES　NO）
◎成功よりも失敗イメージをまず考えるようにしている（YES　NO）
◎クレームがきた顧客との商売は控えるようにしている（YES　NO）

◎失敗すると、当分は立ち上がれない性格だ　（YES　NO）

どうでしょう？　そうです、NOの多い人ほど「プラス志向」の強い人です。「プラス志向」＝起業して成功している人は「人間が好き」「ノリがいい」人です。「社員」「お客さま」に対していつも強い「関心」を持っている人です。

テストの結果をみて、自分がどのくらいプラス志向で、どのくらい前向きなのかを自覚してください。そして、よりプラス志向でより前向きの人間に変身しましょう。それが、起業への第一歩です。

事業計画策定体系　※○内数字は本書の項番号に対応

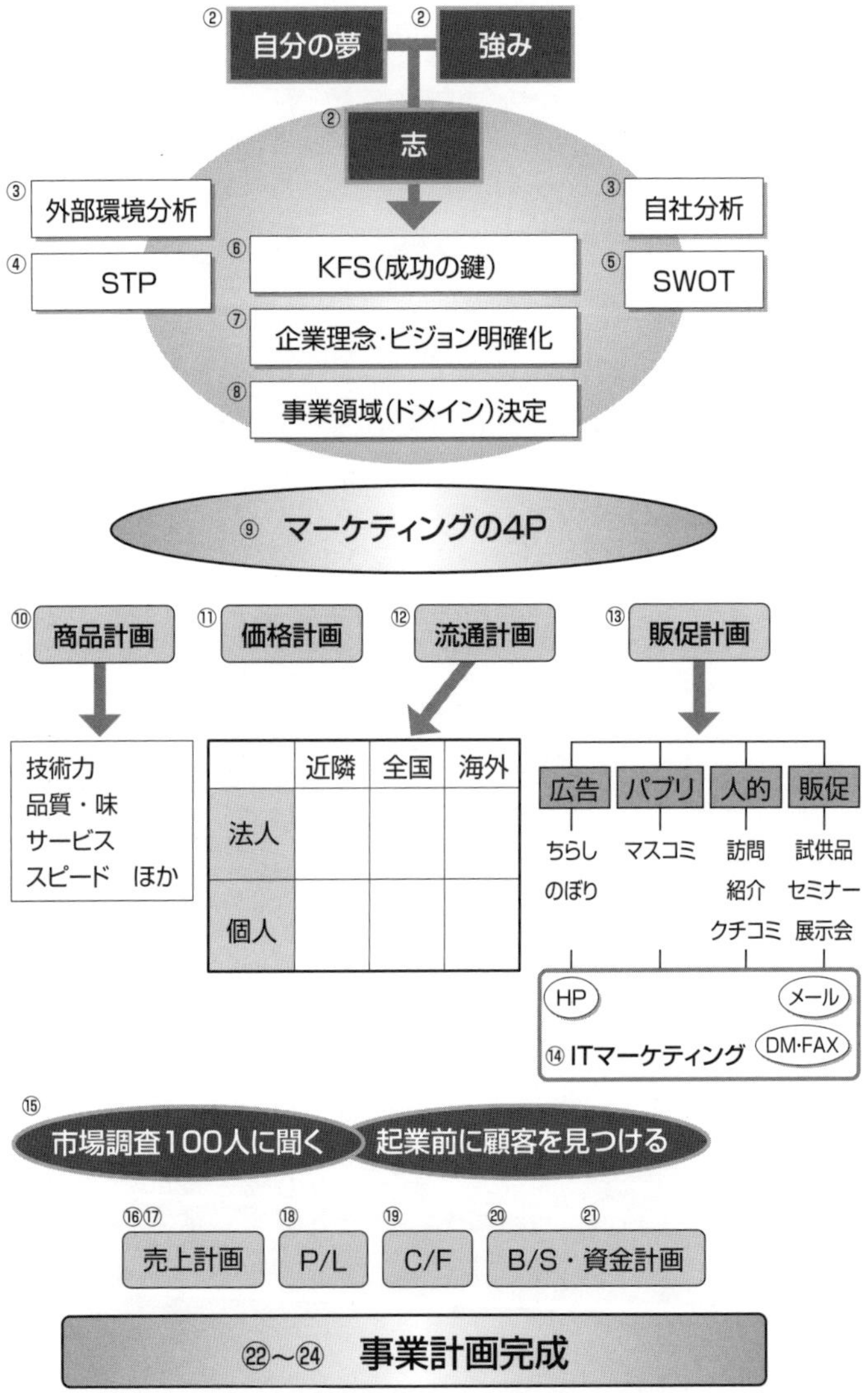

巻末付録
事業計画書
フォーマット集

Form 1：事業計画書（総括表）

氏名
起業時期　　　年　　　月

・会社名（個人、有限、株式）	
・業種	
・起業の目的、動機	
・事業の経験	
・商品・サービスの内容	
・商品・サービス セールスポイント	

・販売先・仕入先

・販売先	
・仕入先	

Form 1：(右)

必要な資金と調達の方法

必要な資金		金額	調達の方法	金額
設備資金	店舗、工場、機械、備品、車両等 （内訳）	万円		万円
運転資金	商品仕入、経費支払資金等 （内訳）	万円		
合計		万円	合計	万円

開業後の見通し（月平均）

		開業当初	軌道に乗った後 （　年　月頃）	売上高、売上原価（仕入高）、経費を計算された根拠をご記入ください。
売上高　①		万円	万円	<開業当初>
売上原価　②		万円	万円	
経費	人件費（注）	万円	万円	
	家賃	万円	万円	
	支払利息	万円	万円	
	その他	万円	万円	<軌道に乗った後>
	合計　③	万円	万円	
利益　①-②-③		万円	万円	（注）個人営業の場合、事業主の分は含めません。

[出典]国民生活金融公庫

Form 2：自分の強み・弱みチェック表

		強み	弱み	
人間力	プラス志向			(　　)
	コミュニケーション力			(　　)
	リーダーシップ			(　　)
	モラル			(　　)
資質	資格			(　　)
	特技			(　　)
	語学			(　　)
経営能力	経理・財務能力			(　　)
	人事管理力			(　　)
	グローバル志向			(　　)
	人的ネットワーク			(　　)
商品開発力	開発意欲			(　　)
	企画力			(　　)
	技術力			(　　)
営業力	顧客開拓力			(　　)
	販促力			(　　)
システム力	システム企画・開発力			(　　)
	運用力			(　　)
資金力	自己資金			(　　)
	外部資金			(　　)
その他				(　　)
				(　　)
				(　　)
				(　　)
				(　　)

※上記「プラス志向」に関する質問です。YES、NOで答えてください。

	YES	NO
・知人に飲み会に誘われたらいったんは断る		
・街で知り合いに会うことはめったにない		
・人の名前を覚えるのが苦手でなかば諦めている		
・上司に難しい仕事を打診されたら拒否したい		
・新しい仕事をするときは、まず障害要因を先に考える		
・未経験の仕事は極力避ける		
・成功よりも失敗イメージをまず考えるようにしている		
・クレームがきた顧客との商売は控えるようにしている		
・失敗すると当分は立ち上がれない性格だ		

Form 3：企業理念

①企業使命・存在意義 社会に提供する価値	②経営姿勢 経営上、重視すること	③行動規範 経営者・社員の心得

Form 4：外部環境分析

		項目	現状	今後の動向	自社の強み	自社の弱み
マクロ分析	政治経済	・関連法規制 ・金融政策 ・個人消費 ・設備投資				
	社会	・生活スタイル ・消費スタイル ・人口動態				
	技術	・新技術 ・新素材 ・新システム				
ミクロ分析	顧客	・顧客の動向 ・新製品 ・代替商品				
	生産	・仕入先動向 ・業界構造 ・原材料・技術				
	販売	・チャネル ・競合他社 ・物流 ・販促手法				

追加Form：SWOT分析

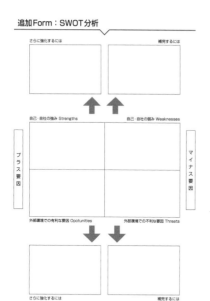

さらに強化するには　　補完するには

自己・自社の強み Strengths　　自己・自社の弱み Weaknesses

プラス要因　　マイナス要因

外部環境での有利な要因 Opotunities　　外部環境での不利な要因 Threats

さらに強化するには　　補完するには

Form 5：自社商品の勝ち位置決定策

商品名

自社・他社	セグメント	ターゲット顧客	ポジション（強み）	弱み
自社				
他社A				
他社B				
他社C				

Form 6：自社分析

	項目	現状	今後の動向	自社の強み	自社の弱み
商品	・特性 ・成長性 ・収益性 ・総合優位性				
開発	・技術 ・システム				
生産	・技術 ・システム ・設備				
営業	・販売策 ・システム ・チャネル				
物流	・技術 ・システム ・設備				
組織	・人材				
財務	・資金 ・経費				

Form 7：事業成功の要因分析

商品：　　顧客セグメント：

外部環境分析（マクロ分析）

	環境要因	今後の動向	チャンス		業界における チャンス
政経	・関連法規制 ・金融政策 ・個人消費			→	
社会	・生活スタイル ・消費スタイル ・人口動態			→	
技術	・新技術 ・新素材 ・新システム			→	

外部環境分析（ミクロ分析）

	環境要因	今後の動向	チャンス		業界における チャンス
顧客	・顧客の動向 ・新製品 ・代替商品			→	
生産	・仕入先動向 ・業界構造 ・原材料			→	
販売	・チャネル ・競合他社 ・物流			→	

自社分析

	環境要因	現状と将来	自社の 重要成功要因		自社の 事業成功要因	ギャップ	将来へ向けて の解決策
商品	・特性 ・成長性 ・収益性 ・総合優位性			→			
開発	・技術 ・システム			→			
生産	・技術 ・システム ・設備			→			
営業	・販売策 ・システム ・チャネル			→			
物流	・技術 ・システム ・設備			→			
組織	・人材			→			
財務	・資金・経費			→			

Form 8：事業領域

①誰に	②何を	③どのように

事業領域（ドメイン）

Form 9：長期ビジョン

①企業文化ビジョン	②事業構造ビジョン	③経営機能ビジョン

Form10：人員計画表

部門・職種		担当	1年目	2年目	3年目	備考
経営陣						
営業						
営業						
技術・開発						
生産						
資材・購買						
業務						
合計	役員					
	従業員					

Form11：組織・人事計画

	項目	当初3年間の課題	対応策
組織	役員		
	参謀		
	従業員		
	開発・技術		
	業務		
	営業		
	予算制度		
	目標管理		
	一人当り売上高		
	一人当り人件費		
	会議体		
	業務遂行ルール		
人事	採用		
	教育		
	人事考課		
	昇進・昇格		
	賃金・賞与		
	福利厚生		
	労使関係・労働条件		

Form12：協力者・支援者一覧表

項目	協力者・支援者	内容（人・物・金・技術・情報）
得意先		
仕入先		
行政機関		
金融機関		
大学・研究機関		
身内		
友人		
先輩・恩師		
参謀		
士業		
司法書士		
税理士		
社労士		
行政書士		
弁理士		
弁護士		
経営コンサル		
起業コンサル		
健康コンサル		

Form13：仕入先検討表

コード	商品名	仕入先	所在地	価格	条件	強み	弱み

Form15：流通チャネル検討表

	項目	特性	課題	対応策
商品特性	サイズ			
	鮮度			
	流行性			
仕入経路	チャネル政策			
	チャネル管理形態			
	仕入ロットサイズ			
	仕入頻度			
	仕入先数			
	仕入先立地			
販売経路	チャネル政策			
	チャネル管理形態			
	販売店数			
	販売店規模			
	参入・退出条件			
	販売立地			
	経路長			

Form14：生産計画表　（自社に合ったフォームに作り変えてお使いください）

コード	商品名	生産場所		1月目	2月目	3月目	4月目	5月目	6月目	7月目	8月目	9月目	10月目	11月目	12月目	1年目計	2年目計	3年目計
	A商品	X社	販売個数															
		○○工場	販売価格															
		販価	生産個数															
		50	生産原価															
		原価	在庫個数															
		15	在庫価格															
	B商品	Y社	販売個数															
		◇◇工場	販売価格															
		販価	生産個数															
		100	生産原価															
		原価	在庫個数															
		50	在庫価格															
	C商品	Z社	販売個数															
		△△工場	販売価格															
		販価	生産個数															
		100	生産原価															
		原価	在庫個数															
		40	在庫価格															
	D商品	Z社	販売個数															
		□□工場	販売価格															
		販価	生産個数															
		50	生産原価															
		原価	在庫個数															
		15	在庫価格															
	合計		販売個数															
			販売価格															
			生産個数															
			生産原価															
			在庫個数															
			在庫価格															

Form16：目標売上高

全商品		1月目	2月目	3月目	4月目	5月目	6月目	7月目	8月目	9月目	10月目	11月目	12月目	1年目計	2年目計	3年目計
売上計	A～D															
原価計	A～D															

			1月目	2月目	3月目	4月目	5月目	6月目	7月目	8月目	9月目	10月目	11月目	12月目	1年目計	2年目計	3年目計
A商品	単価	①															
	数量③＋④＋⑤	②															
	販売先： 担当	③															
	販売先： 担当	④															
	販売先： 担当	⑤															
	売上高①×②	⑥															

①		⑦		⑧		⑨		⑩＝⑦＋⑧＋⑨		⑪＝⑩÷①	
単価		材料費		仕入商品		外注費		原価計		原価率	

			1月目	2月目	3月目	4月目	5月目	6月目	7月目	8月目	9月目	10月目	11月目	12月目	1年目計	2年目計	3年目計
B商品	単価	①															
	数量③＋④＋⑤	②															
	販売先： 担当	③															
	販売先： 担当	④															
	販売先： 担当	⑤															
	売上高①×②	⑥															

①		⑦		⑧		⑨		⑩＝⑦＋⑧＋⑨		⑪＝⑩÷①	
単価		材料費		仕入商品		外注費		原価計		原価率	

			1月目	2月目	3月目	4月目	5月目	6月目	7月目	8月目	9月目	10月目	11月目	12月目	1年目計	2年目計	3年目計
C商品	単価	①															
	数量③＋④＋⑤	②															
	販売先： 担当	③															
	販売先： 担当	④															
	販売先： 担当	⑤															
	売上高①×②	⑥															

①		⑦		⑧		⑨		⑩＝⑦＋⑧＋⑨		⑪＝⑩÷①	
単価		材料費		仕入商品		外注費		原価計		原価率	

			1月目	2月目	3月目	4月目	5月目	6月目	7月目	8月目	9月目	10月目	11月目	12月目	1年目計	2年目計	3年目計
D商品	単価	①															
	数量③＋④＋⑤	②															
	販売先： 担当	③															
	販売先： 担当	④															
	販売先： 担当	⑤															
	売上高①×②	⑥															

①		⑦		⑧		⑨		⑩＝⑦＋⑧＋⑨		⑪＝⑩÷①	
単価		材料費		仕入商品		外注費		原価計		原価率	

Form17：目標P／L

	費目		備考	1月目	2月目	3月目	4月目	5月目	6月目	7月目	8月目	9月目	10月目	11月目	12月目	1年目計	2年目計	3年目計
	売上高	①																
変動費	原価	②																
	材料費																	
	仕入商品																	
	外注費																	
	変動経費	③																
	販促費																	
	荷造運搬費																	
	販売手数料																	
	変動費計	④	②＋③															
	限界利益	⑤	①-④															
固定費	原価	⑥																
	労務費																	
	減価償却費																	
	修繕費																	
	消耗品費																	
	販売費・一般管理費	⑦																
	役員報酬		3名×300															
	人件費（給与）		2名×300															
	人件費（社会保険料）		会社負担															
	人件費（労働保険料）		年払、立替回収															
	通勤交通費																	
	家賃		当初・礼金1ヶ月															
	光熱費・通信費																	
	備品費																	
	事務用品・消耗品費																	
	その他		当初・登記費300															
	固定費計	⑧	⑥＋⑦															
	経費合計	⑨	④＋⑧															
	営業利益	⑩	①-⑨															
	営業外収益		受取利息															
	営業外費用		支払利息															
	経常利益	⑪																
	特別利益																	
	特別損失																	
	税引前利益	⑫																
	法人税	⑬	利益⑫の4割超															
	税引後利益	⑭																

限界利益率	⑮	⑤÷①															
損益分岐点売上高	⑯	⑧÷⑮															

Form18：目標C／F

	費目	備考	1月目	2月目	3月目	4月目	5月目	6月目	7月目	8月目	9月目	10月目	11月目	12月目	1年目計	2年目計	3年目計
	期首資金残高 ①																
	売上高 ②	翌月入金															
変動費	原価	翌月支払															
	変動経費																
	変動費計 ③																
固定費	原価 ④																
	労務費																
	減価償却費																
	修繕費・消耗品費																
	販売費・一般管理費 ⑤																
	役員報酬	3名×300															
	人件費（給与）	2名×300															
	人件費（社会保険料）	会社負担															
	人件費（労働保険料）	年払、立替回収															
	通勤交通費																
	家賃	当初・礼金1ヶ月															
	光熱費・通信費																
	備品費																
	事務用品・消耗品費																
	租税公課他	当初・登記費300															
	固定費計 ⑥																
	経費合計 ⑦																
	営業利益 ⑧																
	営業外収益																
	営業外費用																
	経常利益 ⑨																
	特別利益	受取利息															
	特別損失	支払利息															
	税引前利益 ⑩																
	法人税等	利益⑩の4割超															
	税引後利益 ⑪																
	減価償却費調整 ⑫																
	営業C/F ⑬	⑪-⑫															
	固定資産の取得・売却																
	その他																
	投資C/F ⑭																
	フリーC/F ⑮	⑬+⑭															
	消費税負担額 ⑯																
	借入金返済 ⑰																
	借入金または増資 ⑱																
	財務C/F ⑲	⑱-⑯-⑰															
	期末資金残高 ⑳	①+⑮+⑲															

Form19：目標B／S

（対策後）

ＰＬ、ＣＦを基に、記入してみてください。

借方

	費目	備考	1年目	2年目	3年目
流動資産	現金・預金・有価証券				
	受手・売掛金				
	棚卸資産				
	その他流動資産				
	計 ①				
固定資産	有形固定資産	建物・備品等			
	無形固定資産	利用権、商標権			
	投資等				
	計 ②				
	借方合計①+② ③				

貸方

流動負債	支払手形				
	買掛金				
	短期借入金	1年未満			
	未払法人税				
	その他流動負債				
	計 ④				
固定負債	長期借入金	1年以上			
	長期未払金				
	その他固定負債				
	計 ⑤				
純資産	資本金				
	資本・利益準備金				
	繰越利益剰余金				
	計 ⑥				
	貸方合計④+⑤+⑥				

Form20：資金調達検討表

資産明細		現在残高（万円）	備考
預貯金等	預貯金		
	退職金		
有価証券	株		
	保険		
動産	車		
不動産	家		
合計			

資本金	自己資金		
	他人資金・現物		
資金	設備資金		
	運転資金		
事業投入額計②			
借入	公庫借入		
	親・兄弟・友人		
	銀行・信金・信組		
調達資金合計③			
差引手元資金④			

必要生活費	月平均額	
衣食費他		
家賃・ローン返済額		
水道・光熱費・保険・医療費等		
合計⑤		

耐乏可能月数		④÷⑤

Form21：パブリッシング文

NEWS RELEASE

殿

年　月　日
自社名
住所

見出し

本文小見出し

本文

詳細説明（専門用語解説など）

結び

本件への問い合わせは下記へお願いします
広報担当
電話　携帯
FAX

Form22：最重要顧客への対応策

ランク		お客様名		商品名	

お客様の真のニーズは何？	
今、何を一番求めている？	
今、自社に期待されていることは？	
お客様の問題を解決するサービスは？	
（再）受注につなげる「切り札」は何？	
お客様が自社から離れてしまうリスクは？	

Form23：資金繰り表

項目	対策	月	同実績	月	同実績	月	同実績	月	同実績	月	同実績	月	同実績	月	同実績	月	同実績	月	同実績	月	同実績	月	同実績	月	同実績
前月よりの繰越																									
現金売上	販促																								
売掛金回収	早期回収																								
商業手形割引	金融機関で割引																								
手形期日入金																									
前受金																									
雑収入																									
増資他	検討																								
入金計																									
仕入現金払い	買掛化																								
買掛金支払	支払延期																								
支払手形決済																									
人件費	残業・休出抑制																								
経費	抑制																								
支払利息																									
前渡金																									
設備費																									
決算関係費																									
投融資他																									
出金計																									
短期借入	実行																								
短期借入返済	延期																								
長期借入	実行																								
長期借入返済	延期																								
財務収支																									
翌月への繰越																									
借入金残高																									

Form24：バランススコアカード

	戦略目標（重要成功要因）	責任者	業績管理指標	ターゲット	具体的プログラム	評価
財務						
顧客						
業務プロセス						
学習・成長						

Form25：リスク対策表

リスク	発生可能性	発生時期	リスク金額	リスク範囲	回避策
販売不振					
設備投資額オーバー					
変動費オーバー					
投資回収遅延					
資金繰り悪化					
取引先倒産					
特許侵害					
商標侵害					
許認可・法改定					
自社倒産					
社長病気・死亡					

追加Form：リスク管理は大丈夫ですか

・基本的にはハイリターンを狙えばハイリスクになる、創造に挑戦に失敗はつきものである
・しかし、リスクの悪影響を最小にする管理は必要

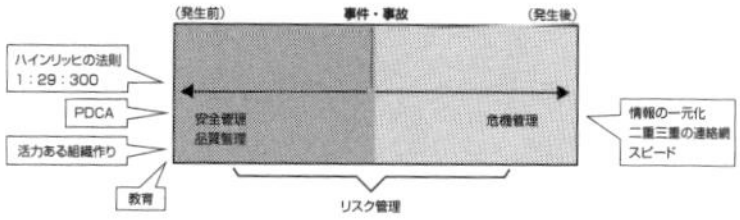

・社会一般
　・大災害、テロ、サイバーテロ

・販売、販管費
　・見込んでいた収入の当てが外れた、後の受注が低迷した、価格が低下した
→できるだけ具体的な収入案件の数を積み上げる、受注確度を上げる
→コスト削減でどこまで吸収できるか
　・設備投資額がオーバー
→責任限定契約
→資金繰りをどうするか
　・変動費がオーバー（新顧客創造の販管費、顧客対応、メンテ、セキュリティ）
→正確な見積り、リスクを見込んだ見積り、ニーズ先取りシステム
　・自社倒産・撤退

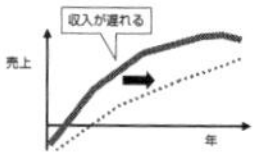

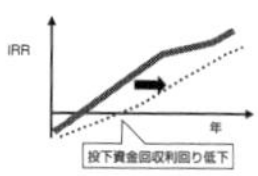

・回収
　・投資回収が遅くなる、低くなる
→収益率の低下を投資家に要説明
　・資金繰りが苦しくなる資金
→追加借り入れ
　・取引先倒産・滅失
→長期未収等でキャッチ（B2BかB2Cか）0年

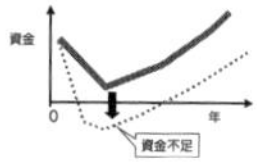

・特許侵害
　・技術型ベンチャーの場合、重要

・商標侵害
　・特許庁等相談

・許認可、法律改正
　・法改正による既得権の喪失、規制緩和、公共施設移転・閉鎖

・人的リスク
　・顧客キーマン退任、役員退任、社員退社、病気、サラ金、異性関係
　・悪徳商法・サギ、社内不正

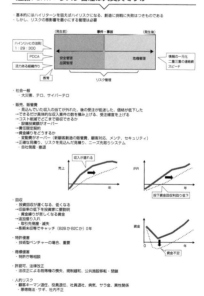

あとがき

某経営者が松下幸之助に会った際に、提言を求めたところ、「①時代の流れを正しく捉えて3年先を歩め、②人材を揃えよ、③運に恵まれること」の3ヶ条を頂いたそうです。①時代の流れを正しく捉えて3年先を歩め、とはまさに事業計画・マーケティング戦略の大切さを言いあてています。

②人材を揃えよ、もいかにも松下さんらしい重みを感じさせる言葉だと思います。どんなに優秀な起業家・経営者でも、ひとりでできることには限りがあります。仲間をつくる、理解者・支援者をつくることが必須です。心を開き、コミュニケーションを研ぎ澄ますことで、良い仲間を得ることができます。

成功している起業家・経営者は、自分の不得手な部分は、こうした理解者・支援者を確保して補完しています。

松下幸之助には、大番頭・高橋荒太郎がいました。本田宗一郎には名参謀として藤沢武夫がいました。トヨタ自動車の創業者、豊田喜一郎が経営不振で退いたあと、大番頭の石田退三が社長になってトヨタを立て直しました。このとき、販売は神谷正太郎が分担、この二人が国際企業に飛躍するトヨタを作り上げたのです。

キヤノンも、当初、産婦人科の医師だった御手洗毅社長は、自らを技術も経理もわからない「経営の素人」と公言し、若い技術者たちの考えを取り入れ、彼らに責任を与えて会社を経営しました。

番頭・参謀は、単なるイエスマンでは務まりません。社長の足らざるところを補い、時には直言・叱責できる器量が求められます。

社長に人間的な魅力がなければ、身を挺して働く有能な参謀・人材は得られません。どんなにいい技術や商品があっても、また、どんなにいい事業計画があっても、それをともに推進・実現できる人材が確保できなければ、うまくいきません。

③運に恵まれること、も含蓄のある言葉です。運は自分の力で引き寄せるものです。「自分は運に恵まれただけ」と謙遜する成功者も、実はその人が、努力・経験をさまざまに積んでいて、前向き・プラス志向を持ち、結果、心身から湧き出る「オーラ」が周りの人を魅了し、引き付け、自ら運を呼び込んでいるのです。

アトキンソンは既に100年も前に、その著書『引き寄せの法則』で、「世に言う成功者は、自分の強い念で、それに応じる他者の念を引き寄せ、物や環境をも引き寄せ、成功への道を歩んでいる」と述べています。

A. ロビラは著書『グッドラック』で、幸運は、自らの手で作り出せるもの、作りだす

もので、

◎自分には必ず幸運が訪れると信じ
◎信念を貫き通し
◎きちんと「下ごしらえ」をし
◎地道な作業をコツコツ続けていれば

幸運を手にすることができる、としています。

浜口隆則氏は『「心の翼」の見つけ方』で、「8つの思い込み」を捨てれば、人は誰もがすごい力を持っているので、人生は簡単に変えることができる、と述べています。

そして、『成功者の絶対法則　セレンディピティ』の著者、宮永博史さんもまた、以下を実践すれば人は成功に近づくことができると述べています。

◎日頃から素直によく物事を観察し、準備し、小さな変化を見逃さない
◎たまにやってくる「偶然」を大切にする
◎積極的に異分野に興味を持ち、同じところに留まらない

◎無関係に見えるものの中に、関係性を見出す
◎当たり前のことを当たり前に実行する
◎妥協せず、あきらめず、継続する　など……

どうでしょう？　みんな、同じことを言っていませんか？　運は自分で招き寄せるものだ、と……。

起業前に顧客が見つかるようなら、それは御社の商品力もさることながら、あなたの人間力が優れている証拠です。起業してもきっとうまくいきます。最後は人間力です。

あとは一本道……。「**成功するまでやる**」ことです！

【著者紹介】

兼田　武剛（かねだ　たけつよ）

1943年東京生まれ。一橋大学経済学部卒。日産自動車株式会社にて、情報システム部課長、直納部主管、販売会社支援部主管などを歴任。1997年日産リース株式会社取締役に就任。2000年株式会社日本ドットコムを設立。

株式会社ティーエーシー取締役、株式会社アイ・エス・オー インキュベーション・マネジャー。

現在、株式会社日本ドットコム代表取締役社長として、経営指導、販促指導、業務改革指導など経営コンサルティング業務を行っている。ザ起業塾主宰。

著書：『起業のための事業計画書のすべて』（日本能率協会マネジメントセンター、2005年）、『絶対に成功する！　起業法』（ＰＨＰビジネス新書、2008年）。

編集協力／MICHE Company, LLC
カバーイラスト・作画／円茂竹縄

マンガでやさしくわかる起業のための事業計画書
ダウンロードサービス付

2016年12月10日　　初版第1刷発行

著　者――兼田 武剛

発行者――長谷川 隆
発行所――日本能率協会マネジメントセンター
〒103-6009 東京都中央区日本橋 2-7-1 東京日本橋タワー
TEL 03（6362）4339（編集）／03（6362）4558（販売）
FAX 03（3272）8128（編集）／03（3272）8127（販売）
http://www.jmam.co.jp/

装　丁――ホリウチミホ（ニクスインク）
本文DTP――アメイジングクラウド株式会社
印 刷 所――広研印刷株式会社
製 本 所――株式会社宮本製本所

ISBN 978-4-8207-5944-7 C2034
落丁・乱丁はおとりかえします。
PRINTED IN JAPAN

JMAM 既刊図書

マンガでやさしくわかる起業

中野裕哲　著　青木健生　シナリオ原作
大舞キリコ　作画

四六判　240頁

起業に必要なノウハウを、マンガと詳しい解説のサンドイッチ形式で楽しみながら学べる本。起業前の準備から、プランの練り方、事業計画の検討の仕方、融資、手続きまで、比較的短い期間で集中して取り組まなければならない要素をステップに沿って解説しています。実家の野菜と漬物を提供する居酒屋の開業を夢見る主人公の秋吉はるかが、半年後の起業を目指して奔走します！

マンガでやさしくわかる事業戦略

鬼頭孝幸　編著　山邉圭介　著
円茂竹縄　作画

A5判　280頁

事業戦略の基礎から立案、実行までを、マンガと解説で、楽しみながら学べる本。ストーリーの主人公は父が創業した有力和菓子メーカー「まついや」の経営企画室で働くことになった和美。古巣の大手食品メーカーで働く元辣腕コンサルタントの先輩・竹田の助けを借りて事業戦略を立て、「まついや」を変えていく姿を描きます。「絵に描いた餅」で終わらない、“動く戦略”の作り方がわかります。リアルな事業戦略も読みどころのひとつです。

マンガでやさしくわかる事業計画書

井口嘉則　著　飛高翔　作画

A5判　280頁

事業計画書の作り方をマンガと解説の組み合わせで学べる本です。ストーリーの主人公は、実家の造り酒屋を継ぐことになった花垣碧、28歳。謎の人物・小篠に教えを受けながら、7つのステップに沿って新規事業を計画し、造り酒屋の再興と町起こしを目指します。事業収支計画入力シートや事業計画書のテンプレート、アイデア記入シートをダウンロードできるサービスも付いています。

日本能率協会マネジメントセンター